JN411892

쥐다래

현 대 수 필 가 1 0 0 인 선 II · 99

쥐다래

임낙호 수필선

수필과비평사 · 좋은수필사

■ 책머리에

수필은 누구나 부담 없이 읽고, 마음만 먹으면 직접 쓸 수도 있는 가장 친근한 문학이다. 다른 영역의 문학이 영상매체에 밀려 신음하고 있는 중에도 수필 인구만은 날로 증가하여 바야흐로 수필 전성시대를 구가하고 있는 이유도 거기에 있을 것이다.

시대적 추세에 힘입어 수많은 수필전문지, 수필동인지가 창간되고, 이에 비례하여 신진 수필가도 날로 늘어나다 보니 이제는 그 많은 작가, 그 많은 작품 중에서 문학성 높은 작품을 가려 읽는 일이 쉽지 않게 되었다. 이런 현상은 작가에게나 독자에게나 결코 바람직한 일이 아니다. 더 나아가서는 수필을 연구하는 후세들에게도 큰 부담이 될 것이다.

이런 문제를 해결하는 데는 출판인도 마땅히 한몫을 감당해야 한다는 평소의 소신에 따라, 본사가 기꺼이 그 역할을 맡기로 했다. 그 첫 번째 사업으로 시대를 대표할 만한 수필가 100인을 선정하고, 작가가 자선한 40편 내외의 작품을 수록한 문고본을 발간하여 이를 널리 보급함으로써 그 소임을 다하고자 한다.

본사는 사명감을 가지고 이 사업을 추진해 나가기로 했다. 작가 선정을 전담할 편집위원회를 구성하고 전권을 위임하여 일체의 사적인 정실이나 청탁을 배제함으로써 전문성과 공정성을 확보해 나갈 것이다.

따라서 이 기획물 속에는 작가의 문학정신뿐만 아니라, 본사의 문학사적 기여 의지와 편집위원 제위의 수필문학에 대한 애정과 문인으로서의 양심이 함께 담겨 있음을 자부한다. 다만, 작가를 선정하는 기준에는 많은 견해의 차이가 있을 수 있고, 선정 과정에서도 미처 챙기지 못한 부분이 있을 것이라는 사실만은 인정하지 않을 수 없다. 이 점에 대해서는 관계자 여러분의 양해 있으시기 바란다.

이 시리즈의 발간 순서는 작가, 또는 본사의 사정에 의한 것일 뿐 그 밖의 어떤 기준도 적용하지 않았음을 밝힌다.

본 기획물이 시대를 초월한 많은 수필 애호가들의 관심과 애정 속에 우리나라 수필문학 발전에 한 이정표가 되기를 바랄 뿐이다.

본사에서는 이상과 같은 취지로 『현대수필가 100인선』 전 100권을 완간하여 큰 반향을 불러일으킨 바 있다.

그러나 우리 수필문단의 규모나 수필문학의 수준에 비추어 선정 작가를 100인으로 한정하는 것은 형평성이나 효율성 면에서 크게 부족하다는 의견이 많았고, 본사 또한 이를 통감하던 터라 기꺼이 『현대수필가 100인선 II』를 발간하기로 했다.

본사의 충정에 찬동하여 출판에 응해주신 저자 여러분에게 감사한다.

2014년 9월

수필과비평 · 좋은수필 발행인 서정환

현대수필가 100인선 간행 편집위원 박재식 최병호

정진권 강호형

오세윤

1_부 흔적 뒤에 흔적

바람에도 꺾이지 않는 자유 • 12
성자 알제아르 부피에 • 16
흔적 뒤의 흔적 • 20
완전한 용서 • 24
피어라 상상력 만나라 산해경 • 29
나르시시즘 • 34
앙불괴어천 부부작어인 • 39
도서관 가는 길 • 43

2_부 대왕참나무

쥐다래 • 48
팥배나무 • 53
대왕참나무 • 57
튤립나무 • 62
꽃 멀미 • 67
서투른 숙수가 안반만 나무란다 • 71
배흘림기둥에 반하다 • 75

3_부 어느 숲속의 군상

팬데믹 후 • 80
외식 • 83
언택트 시대 • 87
어느 숲속의 군상 • 91
거울 • 96
잔칫날 • 100
정월대보름의 한라산 • 104
지켜지지 않은 약속 • 108

4_부 절박했던 순간에

창문 • 114
흔적 • 118
절박했던 순간에 • 122
용고새 • 128
보이지 않는 절 • 132
운명애運命愛 • 136
내 마음의 시간 • 140
나 떠나는 날에는 · 1 • 144

5_부 오행에 순응하며

추사秋史를 넘어서 • 150
오행에 순응하며 • 156
아버지의 천자문 • 160
신팔여거사 • 165
향기 나는 삶 • 169
가마우지의 행태 • 173
금식이 형 • 177
나 떠나는 날에는 · 2 • 182

▣ 작가연보 • 186

1부

바람에도 꺾이지 않는 자유
성자 알제아르 부피에
흔적 뒤의 흔적
완전한 용서
피어라 상상력 만나라 산해경
나르시시즘
앙불괴어천 부부작어인
도서관 가는 길

바람에도 꺾이지 않는 자유

《인문학 명강, 장자》/강신주

사람은 다 다르다. 어떤 이는 높은 산 오르기를 좋아하고, 다른 이는 호수길 걷기를 좋아한다. 수십 년을 함께 산 아내와 나도 다른 게 더 많다. 아내는 그림을 좋아한다면 나는 책을 더 좋아하는 편이다. 어떤 새는 하늘 높이 바람을 타며 날아오르고 어떤 새는 땅바닥과 관목 울타리만 넘나든다.

> 뱃사람들이 재미삼아
> 거대한 바닷새 앨버트로스를 잡는다.
> (중략)
> 시인도 이 구름의 왕자를 닮아,
> 폭풍 속을 넘나들고 사수를 비웃건만,
> 땅 위, 야유 속에 내몰리니,
> 그 거창한 날개도 걷는 데 방해가 될 뿐.

《악의 꽃》을 쓴 시인 보들레르는 신천옹을 보면서 이 시를 썼다. 시인의 정서가 담겨있다. 자신의 정신 크기는 앨버트로스만큼 커서 이 세상을 모조리 품을 수 있다고 생각했다. 이 세상의 옳음이 무엇인지 다 아는데, 세상은 권력과 자본이 지배하니 자신은 아무 힘도 없음을 한탄했다. 그는 너무나 훌륭한 시를 썼음에도 책이 안 팔렸다. 시집을 싸구려로 팔 수는 없었다. 뱃사람에게 붙잡혀 수모를 당하는 신천옹에 빗대어 자신의 신세를 한탄했다. 그러나 그는 자신의 날개, 즉 희망을 포기하지 않았다. 보들레르는 장자에 등장하는 대붕을 꿈꾸고 있는 것 같다.

《장자》란 책을 보면 장자莊子와 장주莊周라는 이름이 나온다. 장자의 '자子'는 '선생'이란 뜻이다. 우리 식으로 따지면 '장 선생님'이라는 경칭이다. '주周'는 이름이다.

장자라고 표현된 '장자우화'는 장자의 후학들이 스승에 대한 존경심을 가지고 기록한 것이다. 장자의 글들을 매우 신성시했다. '장주우화'는 상대적으로 객관적으로 보는 장자학파에 속하지 않는 사람들의 기록이다. 그래서 장자우화에는 장자에 대한 판타지가 있다. 장자는 자유로웠고 소요유逍遙遊를 즐겼다.

장자는 고난의 삶을 살았다. 우화의 소재로 선천적 불구자, 후천적 형벌로 다리가 잘린 사람, 광인, 목수, 백정 등을 등장시켰다. 재미있는 것은 이들이 결코 불행한 삶을 영위하지 않는다는 사실이다. 오히려 그들의 삶은 정치가나 지식인들과는 달리 삶이 무엇인지, 소중한 삶을 어떻게 영위해야 하는지를 정확히 아는 달인들로 그려져 있다.

이런 우화를 통해 한편은 정치인과 지식인을 조롱하고, 다른 한편으로 자신과 처지가 비슷한 사람들에게 애정을 보이는 것이었다. 장주로 기록된 우화들은 누구나 겪을 수밖에 없는 철학적 고민을 보여주고 있다.

장자가 '소요유'에서 말하는 핵심은 어떤 것에도 의존하지 않는 진정한 자유의 경지다. 범인들이 보기에 자유로워 보일지라도, 하늘을 날아다니는 열자列子 역시 자유를 누리기 위해선 바람에 '의존'해야 한다는 측면에서 진정한 도에 이른 것은 아니다.

장자의 소요유에 나오는 우화를 보면,

북쪽 바다에 이름이 곤鯤이라는 물고기 한 마리가 있었다. 곤의 둘레의 치수는 몇 천 리인지 알지 못했다. 그것이 변하여 새가 되었는데, 새 이름이 붕鵬이었다. 붕의 등 또한 몇 천리인지 알지 못할 정도로 컸다. 붕이 가슴에 바람을 가득 넣고 날 때, 양 날개는 하늘에 걸린 구름 같았다. 그 새는 바다가 움직일 때 남쪽 바다로 여행하려고 마음먹었다.

참새는 대붕이 나는 것을 보고 비웃으며 말했다. "저놈은 어디로 가려고 생각하는가? 나는 뛰어서 위로 날며, 수십 길에 이르기 전에 수풀 사이에서 자유롭게 날개를 퍼덕거리며 날지.

우리가 날 수 있는 가장 높은 곳인데, 저 새는 어디로 가려는가?"

사람들이 얘기하기를 대붕이라는 존재는 '절대 자유'의 상징이라고 하는데, 절대로 자유롭지 않다. 태풍이 불지 않으면 재수 없게도 1년 내내 날지 못하고 처박혀 있어야 한다. 이에 참새는 또 비웃는다. 보들레르의 시에서 참새는 선원 같은 존재다. 대붕은 곤이라는 물고기에서 변했다. 변하는 것 자체가 만만치 않다. 프란츠 카프카의 소설 《변신》에서 그레고르 잠자가 바퀴벌레가 되는 것처럼 힘든 일이다. 시인은 대붕을 꿈꾼다.

참새는 스스로 자유롭다고 착각하는 우리의 모습 같다. 허구적인 새인 대붕은 우리의 삶을 조망할 수 있는 초월적 자리를 상징한다. 우리는 현실세계에서 비약해 대붕 같은 초월적 자리에 서야 한다. 세상을 내려다볼 수 있는 철학자이어야 한다. 자신의 삶을 비판적으로 성찰할 때 우리는 진정으로 자유로워질 수 있다. 나를 옥죄고 있는 조건을 넘어서는 게 진정한 자유이다. 바람에도 꺾이지 않는 자유.

바람에 휩쓸리지 말고 바람을 잘 타 보자. 대붕이 되어 보자. 안 그러면 처박혀 있어야 하니까.

성자 알제아르 부피에

《나무를 심은 사람》/장 지오노

한 사람의 인격을 알기는 쉽지 않다. 보기 드문 인격을 갖고 있는가를 알기 위해서는 여러 해 동안 그의 행동을 관찰할 수 있는 행운을 가져야만 한다. 그 사람의 행동이 온갖 이기주의에서 벗어나 있고, 그 행동을 이끌어 나가는 생각이 더없이 고결하며, 어떤 보상도 바라지 않고, 그런데도 이 세상에 뚜렷한 흔적을 남겼다면 우리는 틀림없이 잊을 수 없는 한 인격을 만났다고 할 수 있다. 고결한 인격을 지닌 한 사람의 불굴의 정신과 실천이 이 땅에 기적 같은 위대한 결과를 만들어 낼 수 있다는 메시지가 감동을 준다.

우리나라는 해방 당시 황폐화되어 있었다. 나라의 경제도 삶도 그랬다. 온통 산도 말 그대로 벌거숭이 민둥산이었다. 1961년 새 정부가 수립되었고 산림녹화사업이 대대적으로 시행되었다. 그 일에 민관군뿐 아니라 학생들까지 총동원되어 사방공사를 실시한 것이 기억에 생생하다. 민둥산에 밤나무, 족제비싸리, 은사시나무, 소나무, 아까시나무 등을 심었다. 1953년 《리더스 다이제스트》에 발표된 《나무를 심은 사람》을 읽으면서 학생시절 나무을 심었던 기억이 더욱 생생하다. 산림녹화사업을 시작한 한 사람의 뜻이 현재의 우리나라 푸른 강산을 만들었다.

20여 년 전 중국에 여행한 적이 있었는데 중국에서 바라본 북한 땅의 산들은 나무 한 그루 없는 벌거숭이 민둥산이었다. 최근에 김포 조강리 애기봉에 갔을 때도 조강을 사이에 두고 북한 땅이 지척에 보였다. 그쪽 북한의 산들은 아직도 민둥산이었다. 같은 민족, 같은 땅의 산이 어째서 이렇게 다를까 생각하니 가슴이 아프다.

《나무를 심은 사람》의 주인공 '알제아르 부피에(1858~1947)'는 헌신적인 노력을 통해 자신이 거둔 '성공'을 보여줌으로써 어느 누구도 거룩해질 수 있다는 교훈을 주고 있다. 목표를 세워 추구해 나가면 기적을 만들어 낼 수 있다는 희망을 안겨주었다. 부피에는 《나무를 심은 사람》을 통해 우리의 마음속에 '희망의 나무'도 심어주었다. 우리의 메마른 영혼 속에 푸른 잎을 피워 낼 내일의 '도토리'를 심어준 셈이다.

작가 장 지오노(1895~1970)는 프랑스 남부 오트 프로방스의 작은 도시마을 마노스크에서 태어났다. 여행자들에게는 잘 알려지지 않은 해발 1,200여 미터의 산악지대였다. 그는 여행을 즐겼는데, 젊은 나이에 마노스크에서 멀지 않은 헐벗은 황무지를 향해 먼 도보여행을 떠났다. 야생 라벤더 외에 아무것도 자라지 않는 황폐지역을 걷고 지나니 더 황폐한 지역이 나타났다. 마실 물이 떨어져 물을 구하려고 그곳에 텐트를 쳤다. 그러나 샘이 있기는 했지만 바싹 말라 있었다. 지붕이 사그라진 집 여섯 채, 종탑이 무너져 버린 교회만 덩그러니 서 있었다. 마을이 있었던 증표만 남아있을 뿐, 나무 한 그루도 없었다. 마실 물을 구하기 위해 헤매다가 외로운 양치기를 만났다.

그곳 너머에는 너덧 마을이 자리하고 있을 뿐이라고 그는 말했다. 그곳 마을 사람들은 서로 자기만 살기 위해 경쟁을 했다. 숯을 만들어 파는 경쟁, 교회의 앉을 자리, 선한 일, 악한 일, 그리고 선과 악이 뒤섞인 것들을 놓고 끊임없이 다투었다. 여름이나 겨울의 견딜 수 없는 날씨까지 그들에게는 더 힘든 일이었다. 자살도 전염병처럼 번져갔다.

양치기는 3년 전부터 도토리 10만 개를 매일 백 개씩 심어 나갔다. 2만 개가 싹이 나왔다. 그중에서 1만 그루가 성장할 것이라고 예상했다. 그는 나이 쉰다섯 살의 '알제아르 부피에'였다.

작가 장 지오노는 젊은 나이였다. 그때 지오노의 이기적인 생각은 자신에 관계된 일이나 행복을 추구하는 미래만 상상했었다. 30년 후에는 1만 그루 떡갈나무가 멋진 모습일 거라고

장 지오노는 말했다. 이에 부피에는 간단히 대답했다. “만일 하나님이 30년 후까지 나를 살아있게 해주신다면, 아주 많은 나무를 심겠다.”고 했다. 1만 그루는 겨우 바다의 물 한 방울과 같을 뿐이라고 하며 계속 나무를 심을 의지를 내비쳤다.

그는 87세가 넘도록 도토리나무 너도밤나무 자작나무 등을 심어나갔다. 세월이 지나고 나니 황폐했던 사막에 물이 흐르고, 버드나무와 갈대가, 기름진 땅이, 꽃들이, 그리고 삶의 이유 같은 것들이 되돌아오고 변화가 일어났다. 부드러운 숲의 바람이 불고 마을이 되살아났다. 옛 주민들과 새로 이주해 온 1만 명이 넘는 사람들이 함께 모여서 ‘알제아르 부피에’ 덕분에 행복하게 살아가고 있다.

인간에게 주어진 힘이란 참으로 놀랍다. 위대한 혼과 고결한 인격을 지닌 한 사람의 끈질긴 노력과 열정의 결과가 아닌가. 지금은 프로방스 지방이 지상낙원이 되었다. 알제아르 부피에는 성경의 예언자나 동양의 현자를 닮아있다. 작가 장 지오노는 부피에를 성자라고 하며 책을 썼다. 성서에 나오는 성자 ‘엘르아잘’이란 이름과 비슷하기도 했다.

나는 ‘알제아르 부피에’를 생각하며 실화를 소설로 옮긴 ‘장 지오노’ 역시 위대한 성자라고 부르고 싶다. 나무 심기를 장려하기 위해 이 글을 썼다고 했다.

오늘날 우리나라의 울창한 숲을 보면 먼 얘기인 듯하다. 우리는 천혜의 금수강산에 감사하며 살 일이다.

흔적 뒤의 흔적

《흔적》/임낙호

입추가 지났다. 폭염에 만물이 신음하고 있다. 가을의 문턱에 들어선다는데 무더운 여름은 끝이 보이지 않는다. 기후의 변화가 심각한 수준으로 치닫고 있음을 실감한다.

향후 20년 안에 지구상 온도가 산업화 이전 대비 1.5도 상승할 것이 확실시된다고 세계기후연구과학자들이 경고했다. 최근 세계 곳곳에서 벌어진 폭염, 산불, 홍수와 가뭄 등이 앞으로 수십 년간 잇따를 수 있다는 것이었다. “전례 없는 극한 현상이 빈번할 것”이라고 거듭 경고했다. 지구 온도가 오르면 빙하 감소와 해양 산성화, 해류 변화 등 대기, 해양 순환시스템에 변형이 뻔하다.

북미 지역에서는 100년 만의 폭염으로 사망자가 속출했고 일본, 중국, 인도 등지에서는 기록적인 폭우가 내렸다. 독일,

벨기에 등 서유럽에서도 대규모 폭우와 홍수가 발생했다. 최근 2년 동안 아마존, 캘리포니아가 불에 탔고, 지금도 불타고 있는 그리스, 튀르키예, 시베리아 산불 등으로 엄청난 피해를 보고 있다. IPCC(기후변화에 대한 정부간 협의체)는 이산화탄소 농도가 최근에 전례 없는 수준으로 증가하고 있다며 온난화는 명백하게 인류의 활동이 원인이라고 했다. 이것은 인류가 무분별하게 살아온 삶의 흔적이다. 이산화탄소의 흔적은 수백 년이 지나도 남는다고 하니 점점 증가하는 탄소 배출은 지구의 종말을 점점 앞당길 거란 생각이 든다. 이대로 방치하다가는 지구의 존재가 너무 빨리 사라질지도 모르겠다.

무더위 속에 신음하는 만물들도 비를 맞으면 언제 그랬냐는 듯이 막 세수하고 고개를 쳐든 새색시의 볼같이 싱그럽게 생기가 돈다. 생기 넘치는 생머리에서 풍기는 풋풋한 냄새가 넘실대는 듯하다. 우리의 삶도 그렇지 않은가. 이런 날이 삶을 아름답게 해 줄 것이고 마음의 양식도 풍부해질 것이다. 수만 년 동안 흘러내려 온 인류의 물줄기는 변화를 거듭하며 발전에 발전을 거듭해 왔다. 그 속에는 수많은 영광의 환희가 있었는가 하면 치열한 상흔도 있어 왔다. 이러한 것들은 아름다움으로 승화되어 영원한 불멸의 흔적으로 이어지고 있다.

자연환경의 악화는 자연에 순행하는 지구를 무시하고 살아온 인간에 경고하는 것이다. 우매한 인간은 늘 얻어맞을 때에야 정신을 차린다. 그런데 이번의 일은 얻어맞아도 제자리로 돌아가기란 아주 힘들지 않을까 심히 염려된다. 이런 흔적은 남겨서는 절대로 안 되는데….

수필 《흔적》을 발간했다. 책 속의 '흔적'은 공사현장에 따라다니는 지긋지긋한 쓰레기 얘기였다. 조금만 방심하면 쓰레기가 산더미가 되어갔다. 무엇보다도 쓰레기를 줄이고, 치우는 게 공사현장의 중요한 일임을 알고부터는 매의 눈을 가질 수밖에 없었다고 부드럽게 썼지만, 그때 그 시절에 지독한 소장이란 별명을 듣고도 못 들은 척해야만 했다. 그렇지 않으면 쓰레기가 쌓이고, 크고 작은 사고로 이어지기 때문이었다. 몸에 밴 버릇은 남 못 준다고 했던가. 아직도 어디든 지저분하거나 불규칙한 것에는 참지 못한다. 하지 않아도 되는 불결은 게으름의 산물이 아니던가. 지나고 보니 청결은 탄소 배출을 줄이는 일이기도 했다. 그래서 〈흔적을 남기지 말자〉로 잡았던 글 제목을 〈흔적〉으로 고치고 첫 수필집의 제목이 되었다. 제호가 되고 나서 흔적이란 흔한 말이 점점 무거워지기 시작했다. 골똘히 생각하게 되었다. 이제 보니 《흔적》은 생각지도 못한 사이에 나의 고백서가 되어 내 신상을 탈탈 털어놓고 말았다. 부끄러운 고백들일뿐인데.

지워야 할 흔적이 있는가 하면 지워서는 안 되는 것도 있다. 감추고 싶은 흔적이 있고, 혼자만 간직하고 싶은 흔적, 공유하고 싶은 것도 있다. 수필집 《흔적》에도 감추고 싶은 흔적은 질투라는 단어를 떠올리며 불편했던 시절의 삶이었는데 고백하고 말았다. 혼자 간직하고 싶은 흔적은 비밀로 간직해야 역시 신비스럽다. 혼자만의 영원한 세계를 유영할 수도 있을 것이기에 더욱 그렇다. 함께해도 좋을 추억의 흔적이라면 꽃과 함께한 즐거운 시간의 발자취가 그렇고, 산행하며 발자국마다 그려진 산행지도는 행복한 흔적이 아니겠는가.

너저분한 우리 집 앞 공사 현장도 흔적 없이 깨끗하게 마무리되길 바란다. 어디 공사현장 뿐이랴. 내가 사는 이 땅 아니, 잠시 빌려 쓰고 있는 이 지구를 떠나는 그때까지는 살아온 흔적 하나 남기지 말고 깨끗하게 돌려주고 떠나리라.

이렇게 흔적을 남기지 말자고 썼는데 뒤집어 보면 우리는 세대를 이어가는 줄기의 흐름 속에서 후세에 남겨줘야 할 흔적도 있지 않은가. 글을 쓰는 작가들은 이 시대의 지혜 같은 깨달음을 남겨주고 가는 게 맞지 않을까. 우리 세대가 선인들이 남긴 흔적의 바탕 위에서 자랐듯이 우리도 후예들에게 희망의 빛이 되는 흔적을 남기고 가야 하지 않을까. '흔적'이 꼬리를 물고 흔적을 남겨 간다.

완전한 용서

《기쁨공식》/김인강

"아버지 저들을 사하여 주옵소서. 자기들이 하는 것을 알지 못함이니이다."

완전한 용서, 완전한 사랑, 무한한 사랑이었다. 어떻게 이것이 가능하단 말인가? 이 세상에 구세주로 오신 분이 당해야 할 모욕이 아니지 않는가. 온몸이 찢겨 인간이 상상할 수 없는 고통 가운데 죽음을 목전에 두신 분이 할 수 있는 말이 아니지 않는가. 그것은 바로 '무한한 사랑'이었다. '무한'이란 단어는 '유한한' 인간은 이해할 수도, 적용할 수도 없는 언어다. 그러나 무한차원에 계신 하나님께는 당연한 수數이다. 인간의 몸을 입었지만 하나님의 아들이신 예수 그리스도는 무한대의 사랑이 가능하다. 예수님이 십자가에 달리기 전에 온갖 모욕을 당하셨고, 달리신 뒤에도 강도나 행인들에게 비웃음을 당하셨을 때에도 '아버지, 저들을 사하여주옵소서.'였다.

나는 《기쁨공식》에서 또 다른 그리스도를 만났다. 바로 저자 김인강 교수이다. 한 장애인 학생이 멀쩡한 애들의 편견과 멸시의 시선을 견디는 것은 죽는 것만큼이나 힘들었다. 이 세상에서 도망치고 싶었던 그가 대학에서 성경공부를 할 때에 예수님이 십자가에 달리며 온갖 모욕을 당하시는 구절을 읽고 잠을 잘 수가 없었다. 마치 인강 자신이 당하는 것같이 고통스러웠다. 예수님에 비하면 자신이 당하는 고난은 너무나 미약해서 용서 못할 일이 무엇이 있겠는가 싶었다. 예수님의 고난을 인간인 자신의 처지로 이입시키는 놀라운 체험이었다. "아버지, 저들을 사하여 주옵소서. 자기들이 하는 것을 알지 못함이니이다(누가복음 23장 34절)." 이 말씀이 인강의 가슴을 쳤던 것이다. 완전한 용서, 완전한 사랑, 무한한 사랑이었다.

그는 그렇게 하나님께 접붙여졌다. 순간 유한한 인간도 예수님을 닮아간다는 사실을 깨달았다. 술주정하며 어린 아들을 버리라고 했던 아버지를 용서하였고, 장애자인 자신을 괴롭히고 멸시하던 친구들도 모두 용서하게 되었다.

《기쁨공식》을 읽고 이제까지 잘 산 것이 참 감사하기도 하지만 한편으로 나는 헛살았구나 하는 자괴감이 들었다. 하나님의 은혜 속에서도 은혜를 모르고 감사할 줄도 모르고 살고 있었다니, 정신이 번쩍 들었다. 믿음을 다시 점화하지 못하는 내가 너무 부끄러웠다.

저자는 고비마다 어려운 여건을 극복하였다. 두 살 때 소아마비를 앓고 난 후, 걸을 수 없는 장애를 안고 살아가게 되었다. 학교에도 갈 수 없었다. 초등학교에 입학을 하려 했지만 학교에서는 그를 받아주지 않았다. 엄마의 등에 업여 돌아오는 길에 엄마와 아이는 한없이 울었다. "아가야, 춥지?" 엄마는 업힌 아이의 언 발을 만지며 물었다. 인강은 그 말이 어둠 가운데 생명과 빛으로 오신 예수님의 말씀 같았다.

그는 누나의 권유로 열한 살에 집을 떠나 대전의 재활원에서 2년 동안 재활치료를 받았다. 고통을 견디며 굳은 다리를 펴서 보조기를 끼고 걷는 법을 익혔다.

그에게 장애는 인생의 희망을 앗아갈 징조였다. 낙담했지만 냉대와 차별을 견뎌냈다. 고비 때마다 그는 하나님께 엎드려 기도했다. 예수님의 고난을 생각했다. "나의 고통은 예수님의 고통에 비하면 아무것도 아닌데 못 견딜 것이 무엇이겠는가."

그래도 목발을 짚고 무거운 가방을 메고 강의실을 이동하는 건 늘 고통이었다. 너무 버거운 일이었다. 지나가는 학생에게 "가방을 좀 들어주실래요?" 하고 부탁했다. 학생은 그를 빤히 쳐다보더니 본인의 몫은 스스로 감당하라는 말을 남기고 가버렸다. 대부분은 그의 상태를 보고 가방을 들어다 주는 게 보통이었는데. 그 말을 듣는 순간 찬물을 뒤집어 쓴 듯 정신이 번쩍 들었다. 인강에게는 충격이면서도 예수님의 말씀으로 들렸다. 그는 "지금까지 내 할 일을 남에게 전가했구나." 하는 자책을 했다. 매번 가방을 들어주고 자리를 양보해주고 길을 비켜주는 일은 작은 일이었던가. 날 위해 희생하는 어머니와 누나들, 형들의 수고는? 동정은 싫다고 했으면서도 알게 모르게 동정에 기대는 걸 당연히 여기지 않았던가. 너무나 부끄러웠다. 역지사지면 그는 어떻게 했을까 하는 생각이 들었다.

그 후로 그는 자기 일을 감당하는 것이 벅찼지만, 힘겹게 이겨냈다. 그러던 대학교 3학년 시절 목발을 짚고 무거운 가방을 멘 채로 강의실을 옮겨다니다 보니 갈비뼈와 폐가 부딪쳐 폐에 구멍이 났다. 당장 수술하지 않으면 죽을 수 있다는 진단이 내려졌지만, 수술은 뒤로 미루고 기도원 한 구석에서 기도하기 시작했다. "하나님, 왜 나한테만 이렇게 가혹하신가요? 항상 아프기만 하고…, 아무 쓸모도 없는 나를 데려가 주세요."

그때 등 뒤에서 환한 찬송가 소리가 들려왔다. 그 순간 자아가 꺾이며 회개가 터져 나왔다.

"내 모습 이대로 받아 주소서. 날 위해 돌아가신 주 날 받아 주소서."

아파서 누워있는 동안 기도하는 법, 성경 읽는 법, 찬양하는 법도 배웠다. 육신은 질그릇처럼 나약하지만, 하나님은 고난을 통해 '약한 곳에서 강해지는 법'을 배우게 하셨다. 예수님은 그에게 '세상의 모순과 절규'를 알려주었고, '과거와 현재를 바라보는 방법'을 알게 하셨다. 세상이 나를 죄인 취급할 때에도 하나님은 나약한 나를 변화시키며 당신이 쓰실 일을 계획하셨다. 연약함을 통하여 하나님의 영광을 나타내려 하셨다. 그렇게 믿음으로 다져진 그의 맷집은 점점 강해져 어떤 강펀치도 견뎌낼 수 있었다. 하나님이란 버팀벽은 어느 누구도 부술 수가 없었다.

그는 중고등학교와 대학도 우수한 성적으로 마치고 더 좋은 학교에 유학하고 싶기도 했지만, 혜택과 조건이 좋은 버클리 대학교로 진학했다. 6년 만에 당당히 수학박사 학위를 받았다. 그는 귀국하여 카이스트와 서울대 교수를 거쳐 현재는 고등과학원(KIAS) 교수로 재직하고 있다. 2007년, 40세 이하 과학자에게 주는 '젊은 과학자 상'을 받기도 했다.

하나님의 '완전한 용서'를 깨달은 김 교수는 또 다른 예수님이시다.

피어라 상상력 만나라 산해경

《산해경》

"달아달아, 밝은 달아, 이태백이 놀던 달아."

어린 시절, 하얀 둥근 달을 보면 신비스러웠다. 궁금증이 꼬리를 물고 일어나던 때였다. '달이 생겼다 없어졌다. 커졌다 작아졌다. 이태백이 놀던 달은 어떤 달인가. 달은 내 머리 위에서만 뜨는 줄 알았다.

오래전 터키를 여행했었다. 밤에 도착한 터키의 하늘에는 둥근달이 떠있었다. 터키는 최근에 튀르키예로 나라 이름을 바꾸었다. 바뀐 이름을 사람들은 아직은 낯설게 느끼고 있다. 영어로 터키Turkey는 칠면조와 똑같다. 속어로는 '겁쟁이'라는 뜻으로도 쓰인다. 튀르키예Turkiye는 '용감한 민족'이란 정반대의 뜻을 가지고 있다.

튀르키예는 4대문명 발상지 중의 한 곳으로 티그리스강의 발원지이기도 하다. 기원전 1,800년부터 700년간 강대국 이집트에 맞선 히타이트제국이 바로 튀르키예다.

튀르키예 원형극장으로 이어지는 대리석 길에서인지, 셀수스 도서관 근처인지 잘 기억나지는 않지만 수많은 관광객들이 오갔다. 길가에 무너진 건축물 석재 조각들이 즐비하게 쌓여 있었다. 그 한쪽에는 여행에 지친 이들이 걸터앉아 쉬기도 하고, 기대 서있기도 했다.

세계 각지에서 모여든 이국적인 사람들의 향연장이었다. 대부분 우리처럼 걷기가 힘에 부치는 사람도 있었지만 젊은이들도 삼삼오오 쉬면서 무언가를 각자의 언어로 얘기하고 있었다. 마치 방언을 말하는 모습이 연상되었다. 튀르키예는 기독교의 역사가 깃든 곳이다. 그런 그리스도인들이 박해를 받아 지하 수백 미터 아래로 숨어들어 살았던 지하도시 데린구유가 떠올랐다. 지금은 종교의 자유화를 선언했지만 국민 대부분이 이슬람교를 믿는다고 하니 좀 아이러니하기도 하다.

길가에 쉬고 있는 많은 사람 중에 옆모습에서부터 느껴지는 환한 미모의 한 여인이 눈에 들어왔다. 금발의 웨이브 머릿결에 발그레하면서도 하얀 피부가 매력적이었다. 붉은 입술, 큰 눈망울에 짙은 눈썹이며, 클레오파트라 코를 연상시키는 여인이었다. 나는 지금까지 그렇게 아름다운 미인을 본 적이 없는 것 같다. 비너스가 이랬을까. 《아가서》의 술람미 여인이 이런 모습이었을까? 함께 사진이라도 찍어보고 싶었으나 용기를 내지 못하고 머리에 그려만 넣고 우리 일행을 따라가기에 바빴었다. 그때는 왜 용기를 내지 못했을까. 우리 식으로 표현한다면 달덩이 같은 얼굴이었다. 아직도 아쉬운 대목이 아닐 수 없다.

《춘향전》에서 이 도령은 춘향을 '월궁의 항아姮娥'라고 불렀다. 항아는 중국의 신화에 등장하는 '달의 여신'이다. 항아는 누구인가? 서양의 신화에서 가장 아름다운 여신은 아프로디테, 바로 비너스이다. 그렇다면 동양 신화에 나오는 최고의 미녀는 바로 항아가 아닐까. 항아는 《산해경山海經》에 등장하는 달의 여신이다. 튀르키예에서 만났던 미인이 항아를 닮았을까. 비너스를 닮았을까. 나의 상상력을 한없이 펼치게 한다. 항아는 어떻게 달의 여신이 되었을까.

동이계 종족의 영웅으로 활을 잘 쏘는 '예羿'라는 인간이 있었다. 예를 배신한 아내가 항아다. 어느 날 예가 서왕모라는 여신에게서 불사약을 얻어왔다. 욕심이 생긴 항아는 남편이 외출한 틈을 타 불사약을 훔쳐 먹었고 몸이 하늘로 둥둥 떠올랐다. 항아는 승천하다가 자신이 남편을 배신했기에 하늘나라에 가면 신들이 안 좋아할 것 같다는 생각이 들었다. 항아는 밤에만 다니는 달로 피신하여 '달의 여신'이 되었다. 최근에 중국에서 쏘아올린 달 탐사선의 이름도 '항아의 다른 이름 창어嫦娥'이다.

프랑스 학자 질베르 뒤랑(Gilbert Durand)은 비과학적이고 미신적이라고 여겼던 신화가 다시 관심을 갖게 되었다고 하며

'신화의 귀환'이라고 했다.

근대에 이르러 신화와 함께 귀환한 것이 있는데 바로 상상력, 이미지, 스토리이다. 오늘날 인문학의 화두이기도 하다. 큰 특징의 하나는 스핑크스, 세이렌, 메두사 등 반신반수의 모습을 서양의 그리스로마신화에서는 신이나 인간보다 열등하고 사악한 존재로 묘사했다. 반면에 동양에서는 천인합일天人合一사상 즉, 자연과 사람이 하나되는 것이라고 했다.

뒤랑은 상상력을 넓히려면 동양고전을 읽어야 한다고 했다. 그 대표적인 것이 신화서 《산해경》이다. 《산해경》은 중국의 다양한 종족 및 지역문화의 총체이다. 기원전 3~4세기, 전국시대에 쓰여졌다. 지식층이 아닌 무당이나 방사方士들의 글이다. 제도권 밖의 기층문화基層文化를 담고 있어 더욱 고전으로의 가치가 높다. 총 18권인데 산경, 해경, 황경 세 부문으로 구성되어 있다. 일관된 스토리가 아니고 옴니버스 형식이라 읽기도 편하다.

《산해경》 속 항아의 남편 예는 활을 잘 쏘는 사람으로 전해오는 일화가 있다. 어느 날 갑자기 하늘에서 해 열 개가 떨어져 농작물이 다 타 죽고 난리가 났다. 기우제를 지내도 소용이 없자 사람들은 예에게 활을 쏴 태양을 떨어뜨리게 했다. 예가 활을 쏘자 태양의 전령 삼족오가 떨어졌다. 예는 괴물도 퇴치하는 착한 인간이었는데 아내에게 배신당하고 제자에게도 배신당하여 불행해졌다.

제자 중 한 사람이 아주 똑똑해 예의 총애를 받았다. 그런데 그는 가르침을 고마워하기는커녕 스승을 시기했다. "스승만 없으면 내가 일인자가 될 텐데."라는 못된 생각을 하였다. 제자는 사냥에서 돌아오는 예를 복숭아나무 몽둥이로 뒤통수를 쳐서 죽였다. 백성들은 예가 죽자 안타까워하며 성대하게 제사를 지내주고 예를 귀신의 우두머리로 섬겼다. 우두머리 신, 예는 무서울 게 없는데 딱 하나 무서워하는 것이 있었으니 바로 복숭아였다. 그래서 제사상에는 복숭아를 놓지 않는다는 얘기가 전해 내려오고 있다. 복숭아가 있으면 귀신들이 무서워서 오지 못한다고. 무속신앙에서 귀신들린 사람을 고친다고 복숭아나무 가지로 때리는 것도 그런 이유란다.

튀르키예에서 만났던 여인이 비너스를 닮았을까. 항아를 닮았을까. 아니면? 나도 상상력으로 이미지를 그리며 스토리를 써본다. 비너스나 항아는 현존하지 않으니 자못 궁금할 뿐이다.

나르시시즘

《이기적 유인원》/니콜러스 머니

6월의 폭염이 기승을 부린다. 폭염에도 사람들은 분주하게 자신의 길을 간다. 오직 앞만 보고 직진한다. 우리 인간은 태생부터 앞만 보고 달리게 되어 있는가. 너무 이기적이어서일까. 나도 그런가. 반문해 본다.

자신에 대한 자기애를 강하게 어필하는 사람이 있는데 그런 사람을 나르시시스트라고 한다. 21세기에 들어서며 집단 지성은 바닥으로 떨어지고 사람들은 오로지 자기 자신에만 매몰되어 가고 있다. 자신만을 위해 에너지를 낭비하는 호모 에티쿠스 또는 호모 나르키소스, 즉 자기 중심적인 인간이 되어가고 있다.

니콜러스 머니는 《이기적 유인원》을 통해 인간은 인간만을 위한 이기적인 진화를 나르시시즘에 빗대어 비판하는 글을 썼다. 1758년 칼 린네는 아프리카 유인원을 '호모 사피엔스(지혜로운 사람)'라는 학명을 붙여 영리한 존재라고 불렀다. 인간은 역사의 전반에 그러한 망상에 빠져 특별한 존재라고 자찬을 해왔다. 터무니없는 착각에 빠져 생물학적 세계에서 인간이 우월하다고 주장을 하고 인류의 미래는 더 잘살 수 있다는 자만을 갖기에 이르렀다. 급기야는 인간이 가질 수 없는 능력을 지닌 신과 동일하게 생각하는 곳까지 이르게 되었다. 새로운 차원의 '호모 데우스'로 살아가겠다고.

나르시시스트는 나르시시즘(Narcissism, 自己愛) 생각을 가진 사람을 의미하는데 그리스로마 신화에서 유래했다. 잘생긴 청년 나르키소스를 보는 사람마다 마음을 빼앗겼다. 그는 열여섯 살이 되었을 때, 이미 건장하고 아름다운 외모로 뭇 여성의 사랑을 받고 있었다. 그의 사냥하는 모습을 본 에코(Eco)라는 여인은 그에게 빠지고 말았다. 에코는 남이 말을 해야 비로소 말을 할 수 있는 요정이었다. 헤라가 제우스의 불륜현장을 습격하려 할 때마다 수다쟁이 에코가 나타나 방해를 부렸다. 화가 난 헤라는 에코를 남이 말할 때만 말하게 하는 사람으로 만들어버렸기 때문이다.

에코는 나르키소스에 계속 접근해보지만 거절당하고 말라 죽고 말았다. 나르키소스는 다른 요정들의 사랑도 모두 거절했다. 그러자 한 요정이 보복의 여신 네메시스(Nemesis)에게 그도 사랑의 아픔을 알게 해주라고 부탁했다. 네메시스는 나르키소스를 홀로 숲속에서 샘물을 바라보게 만들었다. 그는 물속에 비친 자신의 아름다운 모습에 자아도취 되고 말았다. 멋진 자신을 사랑할 수 없음에 괴로워하며 물속으로 들어갔다. 그가 죽은 자리에 속이 노랗고 하얀 '나르키소스 꽃'이 피어났다. 그리스어로 '자아도취'라는 꽃말을 가진 수선화였다.

자기애를 뜻하는 나르시시즘은 남을 고려하지 않고 자신만을 생각하는 것이다. 지나치고 거기서 더 나아가면 정신분열증, 편집증에 이르고 나르키소스처럼 죽음으로 이어질 수도 있다.

우리는 지구에서 생존을 하고 다시 흙으로 돌아가는 존재이다. 미생물에서 기인하여 인류가 되어 지구를 잠시 빌려서 살고 떠나간다. 그러니 후손들과 만물들이 살아갈 지구를 훼손하지 말고 원형을 남겨주고 떠나야 마땅하지 않은가.

그런데 지구의 현실은 심각한 수준이다. 인구는 폭발적으로 증가하고, 편리한 삶을 위한 난개발로 지구는 멍들어가고 있다. 2050년에는 인구가 100억 명을 넘길 것이란 전망이다. 많은 인간들의 무절제함이 지구멸망의 시간을 빠르게 앞당기고 있다. 공기가 오염되고, 탄소배출량이 증가하고, 밀림은 줄어들고, 초지들마저 사막화가 되어가고 있다. 온실가스 증가로 지구를 둘러싼 오존층 파괴도 빨라지고 있다. 오존층을 통과한 햇빛은 기온을 상승시키고 있다.

이로 인한 홍수, 폭염은 더 강하게 지구를 덮치고 있다. 이

번 여름도 지구 곳곳에서 폭염, 물난리, 혹한을 심하게 겪고 있다. 어떤 소설가는 일간지 칼럼에 '이번 여름이 가장 짧은 여름이 될 것'이라고 썼다. 기후는 더 포악해질 거라며 2차 피해로 농작물은 가뭄에 말라 죽고, 어장은 파괴되고, 야생동물과 미생물의 개체수는 급격히 줄 것이다. 지구 온도의 상승은 만년설을 녹이고 해수면은 급격히 상승하게 할 것이다.

레이첼 카슨은《침묵의 봄》에서 지구가 오염되어 서서히 죽어가고 있다며 환경정화운동을 강조했다. 인류가 무분별하게 살아오는 동안 지구는 무자비하게 파괴되었다. 이는 기업만의 일이 아니다. 모든 인간이 지구파괴의 주범이다. 존 밀턴은《실낙원》에서 창세기의 얘기를 재구성하여 경고했다.

> 처음으로 하나님을 거역한 인간이
> 금단의 열매를 맛보면서
> 세상에 죽음과 온갖 재앙을 일으키고
> 에덴까지 잃고 말았으니…

한번 맛본 달콤함은 되돌리기 어렵다. 지구는 점점 더워지고 있지만, 욕심쟁이인 인류는 자신을 스스로 궁지에 빠뜨리는 일을 멈추지 않고 있다.

지구보존을 위한 노력을 기울인다면 멸망을 막을 수 있는 시간이 얼마는 남아있다.《침묵의 봄》으로 살충제 사용을 저

지하여 지구환경을 지켜왔듯이 이 책의 역할을 기대한다. 이제는 이기적인 생각은 접어두고 호모 데우스도, 호모 사피엔스도, 이기적 유인원도 아닌 자연의 사람으로 살아야 한다. 후손들이 이 땅에서 안전하게 살 날을 보장하는 일이라 생각된다.

앙불괴어천 부부작어인

《줬으면 그만이지》/김주완

눈보라 치는 어느 날이었다. 한 스님이 고갯마루를 넘어가고 있었다. 스님은 반대쪽에서 넘어오는 거지를 만났다. 곧 얼어죽을 것 같은 행색이었다. '저대로 두면 얼어죽겠는데.' 그래서 스님은 발길을 멈추고 자기의 외투를 벗어주었다. 외투를 벗어주면 자기가 힘들 것이나 지금 안 벗어주면 저 사람이 금방 얼어죽을 것 같아서였다. 엄청 고민을 한 끝에 벗어주었는데 걸인은 당연하다는 듯 외투를 입고 그냥 가려고 했다.

스님은 기분이 좀 나빠졌다. 엄청난 고민 끝에 벗어주었는데 고맙다는 인사 한마디 없다니. "여보시오, 고맙다는 인사 한마디는 해야 할 것 아니오." 하니 걸인 왈, "줬으면 그만이지. 뭘 칭찬을 받겠다는 것이오?"

그래서 스님이 무릎을 탁 쳤다.

"아, 내가 아직 공부가 모자라는구나. 그렇지, 줬으면 그만인데 무슨 인사를 받으려 했는가. 오히려 내가 공덕을 쌓을 기회를 저 사람이 준 것이니 내가 고맙다고 인사를 해야지. 왜 저 사람한테서 인사를 받으려 한 것이냐."

우리는 살아가면서 수많은 사람을 만나고, 스치고 지나간다. 사람의 외모가 다 제각각이듯 성격이나 생각도 각양각색이다. 직접 만남을 통한 관계가 있는가 하면 책을 통해서도 많은 사람을 만난다. 나도 책을 통하여 인격을 알아가는 경우가 많다.

만남을 통한 앎에 걸리는 시간은 책을 통하는 것보다 긴 시간을 요하는 경우가 많다. 몇 십 년이 걸리기도 한다. 책을 통한 앎은 그리 긴 시간이 걸리지 않을 수도 있다. 모 일간지 기자가 취재하여 쓴 책을 통해서 줬으면 그것으로 끝이라며 생각지도 말고 누구에게도 말하지 않는 원칙을 지키는 사람을 만났다. 참 고무적인 일이다.

나는 세 권의 책에서 원칙을 지키는 공통점을 만나게 되었다. 공부론이었다. 《줬으면 그만이지》, 수필가 이동민의 《수필이란 무엇일까》, 10주 연속 베스트셀러에 올라있는 《세이노의 가르침》에서 공통적으로 읽기와 공부의 중요성을 강조했다. 어려운 사람을 돕는 것도, 수필을 잘 쓰는 것도, 사업을 토대로 한 행복도 책이 바탕임을 더욱 실감하게 되었다. 그들은 각기 다른 인품을 가지고 있지만 책을 통하여 쉽게 알게 되었다.

《줬으면 그만이지》에서 주인공 김장하 선생을 알았다.

그는 "내가 배운 게 없으니 책이라도 읽을 수밖에."라고 일갈했다. 그는 어려운 형편 때문에 하고 싶었던 공부를 못했다. 중학교를 중퇴한 그의 가슴에는 목에 걸린 생선가시처럼 '공부'가 한으로 남아 있었다.

그의 생각은 돈을 벌기 위해서 어려웠던 과거를 투영했다. 공부를 소망하는 수많은 젊은이들이 김장하 자신의 과거 위에 내려앉았다. 그것은 나눔으로 이어졌다. 진정한 나눔을 실천했고 보상을 바라지 않았다.

고등학교 진학도 못한 그는 삼천포의 남각당한의원에 점원으로 일을 시작했다. 열심히 일하며 한약에 관한 지식을 익혀나갔다. 그는 열여덟 살에 국가가 처음으로 시행한 한약사시험에 당당하게 합격했다. 그 후로 남성당한약방을 운영하며 어려운 학생들에게 물질적 지원을 시작했다. 삶의 정신적 지주가 되어주기도 했다. 배움에 목말랐던 그는 마침내 명신고등학교를 설립하여 운영하였다. 그것조차도 7년 만에 공립으로 전환하고 국가에 헌납했다. 보시布施를 한 것이다.

산스크리트어인 '보시'라는 말은 남에게 자비심으로 조건 없이 주는 것을 말하는데 반대급부를 받아야 한다는 생각이 깔려 있다고 생각하는 게 보통이다. 위 스님의 얘기에서 보았듯 보시 즉 베풂에는 인사나 보상을 생각하면 이미 베풂이 아니다. 무주상보시無住相布施, '내가 베풀었다는 생각이 있는 보시는 진

정한 보시가 아니다.'

보시는 꼭 물질이 필요한 것인가. 돈이 없는 사람은 할 수 없는 일인가? 마음이 보시로 이어질 수 있는 무재칠시無財七施가 있다.

얼굴을 환하게 하는 화안시和顔施, 눈길을 부드럽게 상대를 바라보는 자안시慈眼施, 말씨를 부드럽게 해서 상대의 마음을 편하게 해주는 언사시言辭施, 마음으로 위로해 주는 마음의 씀씀이인 심려시心慮施, 몸으로 때우는 사신시捨身施, 자리를 양보하는 상좌시床座施, 나그네를 방에 재워주는 방사시房舍施가 엄청난 보시일 것이다.

에리히 프롬은 《사랑의 기술》에서 사랑은 대가를 바라지 않는 것이라고 했다. 내가 산이 참 좋다고 했을 때 산이 나에게 뭘 해주기를 바라지 않듯, 내가 꽃이 참 예쁘다고 했을 때 꽃이 나에게 뭘 해주기를 바라지 않듯, 사람도 남을 도와줬으면 그만이지. 아무런 갈등도, 괴로워할 일도 아니다. 가난한 이에게는 분수대로 나누어주고, 마음이 빈곤한 자에게는 진리의 말로써 용기와 올바른 길을 제시해주고 모든 중생이 마음의 편안을 누릴 수 있게 하는 것이 참된 보시이리라.

김장하 선생은 맹자의 군자삼락君子三樂 중 두 번째 '앙불괴어천 부부작어인仰不愧於天 俯不怍於人'을 생활신조로 삼아왔다. '고개를 들어 하늘을 우러러 부끄럼이 없고, 고개를 내려 사람들에게도 부끄러울 게 없다.'

도서관 가는 길

집에서 20분, 도서관으로 향하는 발걸음이 가볍다. 천천히 걸으며 빌릴 책 내용을 상상해 보곤 한다. 어떤 책은 궁금해서 가슴이 설렌다. 어떤 책은 스토리를 알기에 더 빨리 만나고 싶다. 진열대에 다가가면 욕심이 앞서 혼란스럽기도 하다. 앞에서 머뭇대면 책들은 아우성친다. “나요, 나요. 읽어 주세요.” 이들을 뒤로하고 책 세 권을 가방에 담는다.

오래전 일산의 도서관에 다니며 인근지역 파주 헤이리 예술인마을에 간 적이 있었다. 그곳은 우리나라 최대 규모의 출판단지와 예술인마을이 공존하고 있다. 출판단지에는 규모가 큰 도서관 ‘지혜의 숲’이 있다. 지혜의 숲에는 넓은 방마다 방대한 양의 책이 장작더미처럼 빽빽하게 천정까지 꽂혀 있다. 저명인사들이 기증한 책들이라고 들었던 기억이 난다. 이들을 보며 민음사가 출판한 모든 책을 사서 쌓아놓으면 배부를 것 같다는 상상을 했었다. 세월이 더 지나고 읽기가 힘들어지면 민음사 전집을 지혜의 숲에 기증하고 떠나도 좋으리라.

도서관 책장에 가득한 책들을 둘러보노라면 기분이 좋아진다. 책 제목을 보는 것만으로도 우주를 여행하는 것처럼 신비롭고 설렌다.

그런데 나의 서재에 들어서면 방안의 책들이 또 말을 걸어온다. "우리는 눈맞춤도 안 해주고 도서관만 들락거리느냐."고. 선물로 받은 책, 사위가 사준 책 등 방안에서 잠자고 있는 책들도 많다. 그런가하면 도서관에서 빌려다 놓고 2주간을 넘기는 책도 허다하다. 반납예정일 연락을 받은 후에 또 1주일 연장을 걸기도 한다. 읽기와 포기의 기로에 선다.

이는 나의 책 읽는 습관 탓에 기인한다. 언제부턴가 빨리 읽기를 못하기 때문이다. 수필 쓰기를 하면서 더 느려졌다. '휘리릭' 읽어낸 책은 둔한 내 머리로는 감당이 되지 않는다. 게다가 눈은 침침해져 깨알 같은 글자를 읽어내기도 쉽지 않다.

책을 사 수집하는 일이 읽고 소화하는 속도를 능가해 버렸다. 그래도 책 사재기는 끊임없이 이어진다. 비상식량을 모으는 것처럼 멈출 수가 없다. 서가書架 어디선가 또 새 책을 샀느냐는 호통 소리가 들리는 듯하다. 언제부턴가 책을 사들이는 게 습관이 되었다. 책을 많이 사 모은다고 지적 수준이 올라가는 것도 아닌데 계속 사들인다. 친구 중 한 분은 나보다 책

수집벽이 한 수 위다. 신간이 소개되거나 책 소개란 베스트셀러에 오른 책들을 수석을 수집하듯 사 모은다.

나와는 반대로 속독으로 읽어내니 독서량도 방대하다. 나는 절대 그렇게 읽어내지 못한다. 나는 읽은 책은 간단하나마 리뷰를 기록해 놓다 보니 더 느려졌다. 친구는 리뷰를 쓰는지 얘기를 나눈 적은 없다. 리뷰가 없다면 건망증이 트레이드마크인 내가 글을 쓸 때 참고거리를 어디서 찾을까. 금방 본 것도, 들은 것도 돌아서면 잊어버리니 궁여지책으로 읽은 흔적을 적어 놓을 수밖에 없다.

언제 읽었는지 또는 읽은 사실조차 모르는 경우도 발생하고 있다. 그렇더라도 읽는 순간은 새로운 세상을 볼 수 있고 뿌듯한 성취감도 맛볼 수 있어 계속된다. 책은 방대한 지식 창고이기에 선과 비정상의 판단 기준이 되는가 하면 기쁨도 감동도 주는 친구이다. 마음이 우울하고 아플 때 안아주고 위로해주고, 차고 넘칠 때 진정시켜주는 진정제이기도 하다. 당장 읽지 않고 옆에 두고만 있어도 든든한 친구가 되어 준다. 책을 다량 구매하는 친구도 그런 마음에서 책을 사고 있을까.

한편, 쌓아만 놓고 안 읽으면, 책을 모독하는 것이 아닐까 하는 생각이 들어 책 수집은 당분간 멈추고 싶기도 하다. 쌓아 놓은 책부터 읽은 뒤에 사도 되는 일인데 인터넷으로 또 한 권을 신청한다.

이제 책에 대한 소유욕보다는 한 권이라도 차근차근 읽어내고 싶다. 한 권을 읽고 나면 그 감동에 이끌려 얼른 다른 책을 읽고 싶어지는 건 어인 일인가. 세상에는 얼마나 많은 책들이 있고, 앞으로도 홍수처럼 쏟아져 나올 것인데…. 아무튼 책은 소유하든 읽든 다다익선이라는 생각으로 정리해 본다. 그래서일까 책 사는 습관도 멈출 수 없다. 수집이 읽기보다 중요한 게 아닐지라도 사 모으고 싶다. 수집만큼 읽기도 게을리하지 않고 싶은데 장담하기는 어렵다.

도서관에서 빌린 책을 꺼내서 펴든다.

2부

쥐다래
팥배나무
대왕참나무
튤립나무
꽃 멀미
서투른 숙수가 안반만 나무란다
배흘림기둥에 반하다

쥐다래

새벽 산책길, 산을 넘어 호수로 향했다. 각종 약초와 나무를 기르는 곳으로 접어들었다. 엄나무, 옻나무, 포도, 다래, 머루 등 수십 종은 됨직했다. 그중에 눈에 들어온 것은 다래 열매였다. 이런 곳에서 다래를 만나다니.

북한산을 이 잡듯 오르내리던 때가 있었다. 헤아려 본다면 수천 번은 될 것이다. 산악회 이름을 달고 자주 오르게 되었지만, 혼자 혹은 둘이 오르내린 횟수도 상당했다. 젊은 시절이었기에 겁 없이 다녔었다. 그중에 K 박사와 둘이 했던 산행은 쥐다래에 대한 추억으로 남았다.

어느 가을날, 북한산 밤골 계곡을 지나 사기막골 고개를 넘어 육모정 계곡으로 향했다. 7부 능선 일곱 고개를 넘어야 닿을 수 있는 곳. 깊은 계곡, 인적 없고 바람소리, 물소리, 새소리만 들리는 고즈넉한 곳. 도중에 더덕, 도라지, 약초도 지천이었다.

산목련 피는 육모정계곡에 도착했다. 수정보다 맑은 물이 흐르고 목련나무는 이미 노란 옷으로 갈아입었다. 가을 정취에 취해 주위를 둘러보는데 전에는 못 보던 다래넝쿨이 언뜻 보였다. 멀리서 보고는 알 수 없는 일, 다가가 올려다보니 조그만 열매들이 옹기종기 매달려 있지 않은가. 다래와 비슷한 쥐다래 넝쿨이 아니던가. 나는 "다래다!" 소리쳤다. 친구도 달려와 따먹어보자고 했지만 높아서 쉽지 않았다. 바닥에 떨어진 몇 개를 주워 먹어보니 정말 달콤하고 부드러웠다. 어렸을 때 먹었던 그 맛이었다.

그곳 쥐다래에 대한 아쉬움은 지금도 남아 있지만, 이제는 다시 갈 기약이 없다. 코로나 시국까지 더하여 갇혀 지내는 사이 나이는 들어가고 다리 힘은 빠져갔다. 동행하던 K 박사의 체력도 눈에 띄게 약해졌다. 지난 추석 무렵 코로나19를 앓고 회복됐지만 예전 같지 않았다.

그는 등산이라면 타의 추종을 불허하는 건강했던 사람이었다. 산악 지리에도 밝은 내비게이터였다. 그런데 몇 백 미터도 못 가고 다리가 아프다며 걷다 서다를 반복하는 게 아닌가. 게다가 다리에 쥐가 자주 났다. 전에도 정강이에 쥐가 나서 고생한 적이 있긴 했지만, 이렇게 종아리에 쥐가 심한 적은 없었다며 맥을 못 추니 낯설게 느껴졌다. 쥐다래를 먹어서일까라는 뚱딴지같은 생각이 들기도 했다.

그는 건강검진을 받아보았다. 의사로부터 입원준비를 해서 오라는 뜻밖의 연락을 받았다. 의사는 다급한 말로 헤모글로빈 수치가 너무 낮다며 수혈을 권유했다. 수혈 후 며칠이 지나도 큰 호전이 없었다. 다시 수혈과 검사를 거듭하며 조혈造血상태를 체크했으나 나아질 기미는 없어 보였다. 다른 병원에서도 검사를 받아 보았으나 결과는 달라지지 않았다. 급성백혈병이었다. 내 가슴도 철렁 내려앉았다.

그는 틈틈이 치료과정의 소식을 전해왔다. 꽃과 산을 사랑하는 그였기에 철따라 피는 꽃과 변하는 산을 사진에 담아 자주 보내주었다. 그는 희망 섞인 투병 의지로 답을 해왔다. 식사도 제법 잘하여 체중도 늘고 면역도 좋아졌다는 말에 한시름 놓기도 했다.

그런데 잘 되어가던 소통이 어느 날부터 툭 끊겼다. 치료가 잘 되는 줄로만 알고 기다릴 수밖에 없었다. 그런데 며칠 후 모르는 번호의 전화가 울렸다. K의 부인이었다.

"조금 전 운명했습니다. 선생님께 제일 먼저 전해드립니다." 예상치 못한 비보에 폰을 떨어뜨릴 뻔했다. 목이 막혀오며 더 이상 말을 이을 힘도 없었다. 갑자기 혼이 빠진 듯했다. 전화기 너머로 들려온 상주의 말에 충격을 주체하지 못했다. 애써 정신을 가다듬고 위로의 말을 전했다. 장례식장 등 현안을 얘기하고 지인들 연락 방법과 나의 범위 밖 인사들 연락 방법도 나름 얘기해줬다.

항상 재치 있는 얘기로 즐거움을 주던 사람이 영정 속에서 내려다보고 있었다. 웃는 모습이 생전에 아픈 일 없던 사람처럼 보였다. 항상 여유로웠고 긍정이 트레이드마크였던 그였는데,

그런 그가 왜 그 몹쓸 병을 앓았을까. 짐작건대, 그는 늦은 나이에 베트남의 초대형 건설프로젝트 CM(construction management 건설 총괄 관리자)으로 근무했던 적이 있었다. 공사가 원활하지 못한 현장에서 자금난까지 겹치며 어려움을 겪었다. 젊을 때와 달리 열대기후에 견디기도 쉽지 않았을 것이다. 현장은 마무리도 못한 채 건강만 해치고 귀국했다. 그 후 위암으로 시련도 겪었지만 잘 극복했다. 그런데 이번엔 사달이 나고 말았다. 늘 그막의 시련이 돌이킬 수 없는 병마의 원인이 된 건 아니었을까.

산행하며 《도덕경》의 '지자불언 언자부지知者不言 言者不知'를 얘기하며 지내던 일이 주마등처럼 스쳐 지나갔다. 자신의 신변이나 지식을 좀처럼 내세우지 않는 진중한 성격이 장점이었다. 내가 아는 현세의 어느 지식인보다 부족함이 없는 사람이었다. 적어도 내게는 그랬다. 하나님은 이런 귀한 인재를 왜 서둘러 부르셨을까. 천국에서 쓰실 일이 더 많으셨을까. 이대로 보낼 수는 없어 길을 막고 떼라도 쓰고 싶었다. 그런다고 다시 살아 돌아온다면 얼마나 좋을까마는, 어린애 같은 부질없는 짓임을 알면서도 그랬다. 보내야 했다.

"잘 가시게, K 박사! 암도, 고통도 없는 하늘나라에서 편안하게 지내시게. 천국에서 다시 만날 날을 기약합시다."

그날의 일이 어제인 듯 선명하여 산책길 다래나무를 부여잡고 한참을 서있었다. 눈물이 다래 열매같이 그렁그렁 눈가에 달렸다. 다시는 볼 수 없는 K 박사가 너무나 그립다.

팥배나무

불그레하다. 아파트에서 바라본 태조산은 가을로 향하고 있다. 수필수업에 가는 날, 시간 여유를 두고 다른 길로 빙 돌아서 걸어갔다. 시외버스터미널 옆 정원의 나무도 먼 산의 가을색을 닮아가고 있다. 새들은 붉은 열매 사이를 푸드덕거리며 날아다녔다. 그들도 가을 색에 설레는 것일까. 가을에 접어든 사람처럼 세월을 잡고 싶은가.

붉은 열매는 북한산을 오르던 어느 겨울날의 풍경을 끌어온다. 온 산하는 눈으로 덮였다. 우리 일행은 중성문을 지나 태고사를 향하고 있었다. 몰려드는 추위를 달래기 위해 노적사 입구의 정자에 잠깐 머물렀다. 등산객들이 쉬는 곳에는 음식물 부스러기가 많이 떨어지기 마련이었다. 이때다 싶어 굶주린 새들이 사람보다 더 많이 모여들었다.

사람이나 새나 눈 덮인 산에서 겨울나기가 힘든 건 마찬가지였다. 흰 눈이 온 산을 덮으면 새들은 먹이 구하기가 어렵다. 먹이가 있는 곳을 잘도 찾아오고, 바닥에 떨어진 음식 부스러기를 잘 찾아먹는다. 과자를 손바닥에 올려놓고 팔을 뻗으면 새들은 근처 나무에서 눈치를 보다가 한 놈이 날쌔게 쪼아서 달아난다. 눈치가 구단인 새들이 너나없이 날아와 마음 놓고 물어갔다. 그들은 혹시 잡힐지 모르는 무서움보다 배고픔을 더 참을 수 없었나 보다.

새들은 흰 눈으로 뒤덮인 야생 겨울나기란 생명을 연명하는 일만큼이나 힘겨운 싸움일 것이었다. 우리네의 어린 시절도 너나 할 것 없이 굶지 않고 살아나기란 쉽지 않은 일이었다. 봄이면 초근목피로 허기를 달랬다. 배고프면 찔레 순이나 참꽃을 따먹었고 삐비를 뽑아 잘근잘근 씹어 먹었는가 하면 '그령'을 뽑아 밑줄기를 씹어 달콤한 물을 빨아 먹었다. 그것들이 허기를 달래는 주었을지언정 채워주지는 못했다.

가을걷이가 끝나고 첫눈이 내리면 농사체가 넉넉지 않은 집들은 긴 겨울나기가 고난의 시작이었다. 우리 집은 식량을 걱정해야 할 처지는 아니었다. 농한기의 겨울은 게으른 계절이었지만 배고픈 이들에게는 혹독한 긴 시련의 시간이었다. 조정래의 《태백산맥》에서 빨치산들이 지리산 피아골 골짜기에서 겪었던 혹독한 겨울과 다를 바 없었을 것이다. 고구마 하나가 점심이었을 테고 아침에 긁어둔 누룽지 끓인 멀건 물이 저녁이었을 터이다.

어머니는 그런 이웃들을 외면하시지 않았다. 대문 밖에 서성이는 아이를 불러들여 미안하지 않게 내 옆에 앉히고 뚝딱 밥 한 그릇을 먹여 보냈다. 나는 옆에 앉아 밥을 먹는 아이가 못마땅하여 곁눈질을 보냈다. 어머니는 "그러면 못써." 하며 나를 혼내셨다. 또 음식은 늘 넉넉하게 장만해 이웃들에 나누어주는 게 어머니의 겨울이기도 했다. 새들 또한 혹독한 겨울나기의 시련이 오죽했으면 목숨을 던지는 모험까지 하며 산객들의 손바닥 위의 먹거리를 탐했을까.

먹이가 궁한 겨울새들에게 먹을 수 있는 열매가 있으면 그 나무로 옹기종기 몰려든다. 그들의 배고픔을 달래주는 것 중의 하나가 바로 팥배나무 열매였다. 하늘을 향해 뻗은 가지마다 온통 붉은색 열매가 열려있다.

팥배나무는 서울 근교의 남산, 안산, 북한산 등이나 천안의 어디에서도 쉽게 볼 수 있다. 천안시외버스터미널 옆을 지날 때 본 열매가 나를 이 글에 끌고 들어왔다. 내가 가본 곳 중에서 서울 은평구와 고양시 경계에 '봉산'이 있는데 팥배나무 군락지로 아주 유명하다. 등산코스도 좋아 몇 번 갔던 적이 있다.

팥배나무 열매는 팥을, 꽃은 배꽃을 닮았다고 하여 붙여진 이름이다. 5월에 꽃이 피고, 꽃잎은 새하얀 배꽃을 닮았다. 꿀도 많아 벌, 나비들이 북새통을 이루는 밀원蜜源으로도 훌륭하다. 달걀 모양의 잎에는 규칙적인 물결 무늬가 있고 10여 장의 잎맥이 뚜렷하다. 꽃과 잎으로도 구분하기 쉽다. 새하얀 꽃이 필 때도 예쁘지만, 열매가 익은 늦가을의 팥배나무는 파란 하늘을 배경으로 빨간 열매가 한층 아름답다. 이런 열매가 겨울 새들에게 요긴한 양식이라니. 껍질을 벗겨보면 약간 노란 과즙이 나오고, 시큼하며 달콤한 맛도 난다. 새들은 겨울의 식량인 팥배를 맛이 좋아서 먹을까, 죽지 않으려고 어쩔 수 없어 먹을까 궁금하기도 하다.

팥배나무는 〈용비어천가〉에 "곶 됴코 여름 하나니(꽃 좋고 열매 많나니)"에 딱 어울리는 나무다. 꽃과 열매가 좋으니 이 나무가 있으면 덤으로 벌과 새가 모여드는 걸 즐길 수 있으니 더 좋다. 그런 연유로 정원수나 가로수로도 많이 심는다. 메마른 땅에도 잘 자라고 햇볕이나 추위를 탓하지도 않는다. 10미터가 넘는 나무는 늘씬하고 기품도 있다.

이웃들을 먼저 생각하신 어머니께 그때를 물어보고 싶지만, 이제는 만날 수 없다. 새들이 들락거리는 터미널 정원의 팥배나무를 지나며 천국을 향해 말해 본다.

"엄마는 참 훌륭했습니다."

대왕참나무

봄이 절정이다. 꽃들은 절정이 언제일까. 내 방식으로 해석해 보면 꽃이 봉오리에서 막 벌어지는 순간이 아닐까. 그게 어디 꽃뿐이랴. 봄의 절정을 넘어서면 색색의 꽃을 피워 달았던 나무들은 일제히 초록 일색으로 그늘을 드리운다. 잎들이 절정으로 가는 시간이다.

아침 산책을 나서면 연초록의 반란은 꽃에 비할 바가 아니다. 꽃이 그러하듯 나뭇잎의 모양도 다양하다. 어떤 나무를 보아도 고향친구를 만난 듯 반갑고 정겹기만 하다. 나무들이 펼쳐 보이는 초록은 팍팍한 일상에서 지친 마음을 보듬어 준다. 가지마다 수천수만의 잎을 달고 녹음을 드리운 나무를 보면 가장 믿음직스럽고 힘이 센 존재가 아닐까 생각해 본다.

아침에 일기예보에도 없던 보슬비가 내렸다. 산책이나 하려고 도솔공원으로 향했다. 보슬비에 몸을 맡기고 여유를 부려본다. 공원산책로 양쪽에 일렬로 큰 키 나무들이 열병식이라도 하는 듯 서있다. 나뭇잎에는 방울방울 옥구슬이 맺혀있다. 다른 나무들은 어느새 녹색으로 짙어지고 있는데 어떤 한 나무는 이제 막 피어나는 어린잎이 색깔도 모양도 유별났다. 유난히 반짝이는 연초록의 잎은 어린아이의 살결처럼 보드랍다. 활엽수 잎의 움푹움푹 파인 모양은 마치 톱니바퀴를 닮아있다.

바람이 길바닥의 꽃잎들을 몰고 갔다. 꽃잎 사이로 누런 가랑잎이 뒷걸음질하며 바람에 밀려갔다. 낙화하는 봄날에 웬 낙엽이 날리는가? 엊그제까지 떨어질 것 같지 않던 잎들이 우수수 내려앉았다. 얼른 꽃잎 사이의 낙엽을 주워들었다. 왕王자가 그려져 있다. 어떤 연유로 가을 겨울이 다 지나고 이봄에 그것도 새잎이 나오는 지금에야 떨어진단 말인가.

언젠가 동네를 산책하던 초겨울 날, 황갈색 단풍이 든 나무 한 그루를 신기하게 바라보았었다. 상록수 이외 나무들은 앙상한데 유독 홀로 온전히 마른 잎을 달고 있었다. 하늘로 곧게 뻗은 줄기의 수피는 진회색으로 긴 홈들이 있고 단단해 보였다. 잎 사이엔 작은 가지 끝마다 새순이 수줍은 듯 숨어 있었다. 잎자루가 씨눈을 감싸고 있는 모양새다.

한참을 보고 있노라니 어머니 생각이 났다. 입을 것 먹을 것 변변치 않던 시절에 어머니의 사랑이 가슴에 젖어들었다. 우리 일곱 남매는 그런 어머니의 사랑을 그때는 몰랐었다. 우리를 보듬어준 어머니의 모성애였다.

왜 대왕참나무는 묵은 잎을 매달고 묵묵히 겨울을 견디는 걸까. 모성애가 강하기 때문이라고 했다. 새순의 추위를 막아주려고 겨우내 가랑잎으로 감싼다는 것이다. 칼바람 속에서 단단히 잎을 매달고 있는 것이 어미가 새끼를 보호하려고 안간힘을 쓰는 것처럼 보였다. 그렇게 엄동설한과 세찬 북풍을 견디고 따스한 봄볕이 내리쬐면 새순이 꿈틀거리기 시작한다. 마른 잎은 새순이 올라오면서 떨쳐를 밀어내면 하나둘 어린순에서 떠난다. 우리가 어머니의 둥지를 떠나던 날의 불안한 마음이 이들에게도 있었을까.

대왕참나무는 이곳 천안으로 온 후에 알게 되었다. 우리나라에 들어온 것은 이미 90년 가까이 되었다고 한다. 그 사연 또한 각별하다.

1936년 8월 9일, 손기정 선수가 베를린올림픽에서 일장기를 달고 마라톤 우승시상대에 올랐다. 대한제국의 손 선수는 나라 잃은 설움으로 일장기를 가슴에 단 채로 월계관을 썼다. 당시 독일에서는 월계수를 구할 수 없어 대왕참나무 가지로 월계관을 대신했다.

부상副賞조차도 다름 아닌 대왕참나무 묘목이었다. 금메달 시상대에 오른 손 선수는 그 묘목 화분으로 태극기가 아닌 일장기를 가릴 수 있었다. 나라 잃은 설움이 얼마나 통한이었을까. 귀국하여 자신의 모교인 만리재 언덕 위 양정고등학교 교정에 고이 심었다.

그 나무는 무럭무럭 자라서 지금은 '서울시기념물 제5호'로 지정되어 '월계관수'로 불리고 있다. 길 떠난 손 선수의 분신인 듯, 이제는 거목이 되어 푸른 기상을 떨치며 손기정기념관 앞에 우뚝 서있다. 그렇게 우리나라에 들어온 대왕참나무는 조림수, 조경수, 가로수로 널리 보급되었다.

'번영'이란 꽃말을 가진 대왕참나무는 미국이 원산지인 참나무과 낙엽교목이다. 줄기는 진회색으로 최대 30m까지 자란다. 잎은 가장자리가 7개 홈이 깊게 파여서 마치 왕王자와 흡사하여 '대왕'이란 이름이 붙여졌다. 꽃은 암수 한 그루로 4~5월에 아래로 늘어진 꽃줄기에 황록색으로 피는데 꽃잎이 없어 거의 눈에 띄지 않는다. 열매는 우리나라 참나무 도토리보다 작고 납작하다.

아파트 현관 옆에도 대왕참나무 몇 그루가 옹기종기 서있다. 자세히 들여다보니 잎이 유난히 반짝인다. 비에 젖은 연녹색이 상큼하다. 나는 이때가 대왕참나무의 절정이라고 우겨본다.

나무 하나를 알아가는 일이 결코 사람을 알아가는 일에 못지않다는 것을 깨달았다. 나이테를 제 몸속에 깊숙이 숨기고 해마다 새잎을 내고 열매를 맺고 곱게 물들 줄 아는 나무의 삶이 얼마나 듬직하고 아름다운지를!

대왕참나무를 쓰다듬으며 하늘을 올려다본다. 대왕참나무

어린잎 사이로 맑은 조각구름이 떠있다. 애지중지 우리를 길러주신 어머니와 일장기를 가슴에 달고 시상대에 올랐던 손기정 선수를 불러본다.

튤립나무

천호지로 향한다. 호수로 이어지는 길은 아름드리 플라타너스가 길게 늘어서 있다. 시원한 그늘은 바람 길도 열어준다. 플라타너스 길을 지나니 또 다른 그늘 터널을 만난다.

며칠 전 이곳 그늘구간을 지나며 높은 나무 위를 올려다보았다. 코로나19로 수년 동안 보지 못했던 꽃을 어렵사리 만났다. 반가운 어느 시인을 만난 듯 기뻤다. 쉽게 만나지 못하는 꽃이기에 더 반갑지 않을 수 없다. 튤립을 닮은 꽃!

오늘 다시 그늘 구간을 지났다. 청량한 바람이 변함없이 나를 맞아주었다. 지금은 그 꽃이 어떻게 변했을까 궁금증이 발걸음을 재촉했다. 아름다운 꽃은 지고 앙증맞은 길쭉한 열매가 달려있다. 어제 우리나라 누리위성 3호가 발사되었는데, 발사대에 세워진 발사체 모습과 꼭 닮았다.

내가 좋아하는 나무의 그늘이기에 더 시원했다. 이 나무의 꽃과 열매를 언제부턴가 좋아하게 되었다. 꽃이 예뻐서다. 수십 년은 되었을 것이다. 수없이 오르내리던 북한산의 '새마을교' 다리 옆에서 만났던 그 나무이다.

다리를 건너기 전 우측에는 북한동역사관이 있고, 다리를 건너서 좌측 길을 따라가면 백운대 오르는 길로 접어들게 된다. 건너편에는 '보리사'란 조그만 암자가 있다. 광장이 있고 데크와 긴 벤치가 놓여있다. 열심히 걸어온 산객들의 휴식공간이 되어주었다. 광장 중앙에는 백 년은 넘었을 큰 나무 한 그루가 수호신처럼 서있다. 높이가 어림잡아 30미터는 될 것이다. 산객들의 땀도 식혀주고 마음의 더위도 달래주던 튤립나무였다. 아직도 풍성하게 꽃을 피우고 있을까.

우리 일행도 북한산을 오르내리며 그 나무 아래서 많은 추억을 쌓았다. 간식으로 허기도 달랬고 시원한 막걸리 한 잔으로 마음의 갈증도 달랬다. 주고받은 대화에서 정이 자라고 식견도 넓어져 갔다. 이제는 그 나무를 생각하면 가슴부터 아려온다. 산을 오래 동행했던 친구 한 분과 이곳에서 많은 시간을 보냈던 기억이 바로 어제의 일처럼 눈에 선하다.

열사의 불볕에서 동고동락했던 친구였다. 더군다나 우리는 중동의 캠프에서 룸메이트이기도 했다. 그는 설계를 담당했고, 나는 예산과 기획을 관장하는 업무를 맡아 낮에는 각자의 일로 바빴지만 밤에는 형제같이 다정하게 지냈다. 밤에 배가 출출

해지면 고국에서 공수해온 라면을 끓여 먹기도 하고, 주방장에게 부탁하여 육회 한 접시에 양주를 한 잔씩 기울이기도 했었다.

그렇게 지냈던 친구는 수년 전 머리에 어지럼증이 오더니 통증으로 이어졌고 급기야는 머리 수술을 받기에 이르렀다. 수술 경과는 좋았다고 했다. 그래서 본인은 안심했고 나도 그렇게 믿었다. 방심한 탓일까. 1년이 지나며 다시 몸의 균형을 잃기까지 하더니 상태가 악화되어 갔다. 균형이 잡히지 않으니 걷기가 자유롭지 못한 건 당연했다. 어느 날 잘 걷지 못하고 불안정한 몸은 지나가던 차에 교통사고를 당했다. 그렇게 이어진 병마는 그를 침대에 뉘이고 일어날 기회조차 주지 않았다. 나는 자주 찾아가 그를 일으켜 세우고 싶었다. 내 맘대로 할 수 있는 일이면 참 좋으련만 모든 건 신의 뜻임을 알아차렸을 때는 그의 회생은 점점 어려워 갔다.

노란 튤립나무 잎도 한 잎 두 잎 떨어지고 있었다. 손바닥보다 넓은 목튤립 이파리가 바람에 휘날리던 가을날, 그는 홀연히 우리 곁을 떠나갔다. 벌써 5년여가 지났다. 우리는 튤립나무 아래에서 산행을 하며 쉬었던 것이 마지막이 될 줄을 짐작이나 했겠는가. 그날은 추적추적 가을을 재촉하는 비까지 내리고 있었다.

그런 튤립 꽃은 관심을 기울여서 보지 않으면 나무가 높아서 잘 보이지 않는다. 꽃의 색이 녹색으로 잎과 닮아 있고, 하늘을 향해 있으니 더욱 안 보일 수밖에. 어디에서 만나도 큰키 나무라서 고개를 한껏 뒤로 젖혀도 잘 보이지 않는다. 사람들의 눈을 피하기 위함인가.

꽃말이 '전원의 행복' '사랑의 고백'인 튤립나무는 목련과의 낙엽교목으로 '목백합'이라고도 부른다. 미국에서는 포플러나무처럼 속성으로 자라기 때문에 'yellow popular'라고 부른다. 속성으로 자라다보니 최고 60미터까지 자란다. 꽃이 튤립과 비슷하게 생겼기에 튤립나무라 부르긴 하지만 튤립이 나지는 않는다. 참 신기하게도 열매가 익어 벌어지고 씨를 쏟아내는데 주머니의 벌어진 모양도 꽃모양과 닮았다.

이렇게 아름다운 꽃을 피우는 백합나무에 대한 애잔한 전설이 내려온다.

'먼 옛날 용모와 덕을 갖춘 왕자가 있었다. 그는 몰래 이웃나라의 공주를 사랑했는데 나라에 큰 전쟁이 일어났다. 하필 공주의 나라와의 전쟁이었다. 왕자는 왕을 대신하여 전쟁에 나가 싸우다 작렬하게 전사했다. 왕자는 금관을 공주에게 전해달라고 유언을 남겼다. 공주는 지조를 지키며 왕자를 사모하는 마음으로 왕관을 간직하고 평생을 살았다. 공주가 죽고 난 후에 무덤에 왕관을 함께 묻어주었다. 무덤에서 멋스러운 나무 한 그루가 자라났다. 나무는 꽃을 피우지 않다가 그들이 처음 만났던 나이인 18세와 같은 18년이 지나서 왕관 모양의 꽃을 피웠다.

나에게도 전설 같은 친구의 그리움이 지워지지 않는다. 호숫가 튤립나무에 기대서서 친구를 그리며 하늘을 올려다본다.

꽃 멀미

정신이 혼미합니다. 눈앞에 누가 온통 분홍 물감을 흩뿌려 놓았습니다. 온 천지가 핑크빛입니다. 관악산 줄기의 호젓한 산길에 어느새 누가 이렇게 붉게 피워 놓았을까. 분홍 꽃을 한 움큼 어루만져봅니다. 피기 전 터질 듯이 부푼 봉오리를 또 살며시 잡아봅니다. 부푼 처녀 가슴의 봉오리를 만질 때의 느낌이라는 누구의 말을 생각하며 말입니다.

눈이 닿는 곳마다 온통 분홍빛이니 실바람에 실려 오는 빛도 온통 분홍입니다. 나는 정신을 차릴 수가 없습니다. 이렇게 꽃에 취해본 적이 있었던가. 매년 맞이하는 연례행사이건만 오늘 같은 경험이 언제 있었던가. 바다낚시를 나갔을 때 일행들은 뱃멀미로 나가 떨어졌어도 나만은 꿋꿋하게 낚싯대를 잡고 찌에서 눈도 떼지 않고 견뎌냈습니다. 높은 빌딩 건설현장에서 고소공포증조차도 느끼지 않았는데. 오늘은 꽃 멀미에 취해서 이렇게 신음하고 있습니다. 분홍색에서 헤어나지 못하고 심하게 멀미를 하고 있습니다. 미쳐버리겠습니다.

진달래 / 김용택

연병헌다 시방, 부끄럽지도 않냐
다 큰 것이 살을 다 내놓고
훤헌 대낮에 낮잠을 자다니
연분홍 살빛으로 뒤척이는 저 산골짜기
어지러워라 환장허것네
저 산 아래 내가 쓰러져불것다 시방

헤어날 길이 없나이다. 누구 없소. 내 꽃 멀미를 달래줄 이가 진정 없소. 김 시인도 나와 같은 처지였나 봅니다. 정신을 못 차리고 분홍에 취했다니 말입니다. 꽃봉오리를 만져보고 시詩에 녹여내지 못하고 진달래에 취해 환장할 지경입니다. 이럴 때는 가슴을 터뜨리고 뛰쳐나오고 싶었지만 그러지 못했습니다.

나도 주체하지 못하고 '산중턱에 쓰러져 불것다요 시방. 그러니 이게 다 내게 닥친 일인기라.' 왜 우리는 이럴 때 봄바람이라고 말도 못하고 살아왔을까.

어제는 호숫가로 끌려갔습니다. 서울에서 점령군처럼 몰아닥친 늙은 사내들에게 무지막지하게 호숫가로 납치 아닌 납치를 당했습니다. 끌려가자마자 흠씬 두들겨 맞았습니다. 사내들의 말 펀치에 맞고 꽃바람에 맞고 봄눈처럼 내리는 꽃비에 수없이 펀치를 맞아 실신하고 말았습니다. 흩날리던 벚꽃이 정신을 더 못 차리게 하니 열병 같은 꽃 멀미로 밤잠도 설치고 말았습니다.

벚꽃 멀미가 깨기도 전에 오늘은 아침부터 진분홍 진달래가 나를 산허리에 넘어뜨리고 말았으니 일어날 기력조차 없습니다. 낚싯배에 쓰러진 사람들을 측은한 시선으로 바라봤던 내가 이번에는 보기 좋게 꽃 멀미에 당하고 말았으니 분홍 펀치가 얼마나 강했는지 가히 짐작조차 힘들었습니다.

돌아오는 길에 동네 골목길 한편에 화분에 심어놓은 제법 큰 진달래를 만났습니다. 신기해서 바라보고 있노라니 물주는 노인네가 속삭이듯 도란도란 얘기합니다. “지난해 낭군님 산소에 갔다가 옮겨다 심은 건데, 죽은 줄 알았더니만 이렇게 살아서 꽃을 피워주었네요. 고맙고, 곱디곱기도 하지.” 불그스름한 골목에서 만난 꽃이 자꾸만 나를 돌려세웁니다.

어린 시절, 어머니를 따라 다닐 때가 떠오릅니다. 어머니는 뒷동산 앞동산에 질펀하게 핀 진달래를 보며 “아들아, 내가 사는 동안 몇 번이나 이 꽃들을 볼 수 있을까. 순간 피었다가 져버리는 꽃은 꼭 오늘 같다. 우리는 오늘 이 생애 단 하루인지도 모르고, 금방 져버릴 줄도 모르고 아무렇게나 보내버리곤 하니까. 무럭무럭 자라서 애쓰며 피어난 자신이 얼마나 예쁜지도 모르고, 사는 거 바쁘다고 힘들다고 바닥만 보다가 하루를 지나쳐 버린다."라고 자주 하셨던 말씀이 선명하게 다가옵니다. 그때의 어머니 나이를 훌쩍 넘은 나이에 늦게나마 철이 들어가는 자신을 보고 서있습니다.

어느 소설 속의 할머니 말도 떠오릅니다. "아가, 꽃 봐라. 속상한 거는 생각도 하지 말고 너는 이쁜 거만 봐라."

정신 못 차리게 꽃 멀미한 오늘이 이웁니다. 속상한 것 힘든 것 생각 말고 바깥에 핀 봄꽃 실컷 구경하며 즐기자고 모두에게 꽃 멀미를 권하는 날입니다.

서투른 숙수가 안반만 나무란다

영인산에 갔다. 해가 서산으로 기우는 시간, 친구와 동행하며 천천히 여유를 부리며 산책을 했다. 이곳은 철따라 아름다운 꽃들이 다투어 피어나는 곳이었다. 그런데 6월 하순의 영인산은 녹음만 성성했다.

한참을 걷노라니 윙윙 벌들의 소리가 멀리서 들려왔다. 처음에는 어디서 들려오는 함성인가 의아했다. 마치 건너편 아우내장터의 만세소리 같기도 했다. 꽃은 보이지 않으니 의심은 엉뚱한 곳에 닿았다. 모퉁이를 돌아서니 환한 꽃을 피운 커다란 나무가 우뚝 서있다. 반가운 마음에 얼른 다가가보니 피나무였다. 꽃에서 달콤한 꿀 향기를 피워내고 있었다. 나는 나무들을 좋아하는데 피나무도 그 중의 하나다. 피나무를 보니 불현듯 까맣게 잊고 있던 개다리소반이 떠올랐다.

딸이 피나무로 만든 소반이다. 내 생일선물로 준 것인데 색채가 은은한 무늬에 촉감도 부드럽다. 20년도 더 지났지만 아직도 보물 1호로 소중하게 간직하고 있는 피나무 12각형의 상이다. 피나무는 '피나무상이 아니면 행자상杏子床'이라고 할 만큼 가구 재료로 널리 쓰인다. 게다가 피나무는 최상품 안반의 재료로도 손꼽는다.

안반은 커다란 도마이다. 요즘은 중국집에서 반죽을 치대서 면발을 늘일 때 쓰지만 예전엔 큰 도마나 떡판으로 많이 쓰였다. 안반은 느티나무로 만든 것을 최상이라고 하지만 피나무 안반 역시 나이테가 조밀하고 터지는 일이 없어 느티나무에 뒤지지 않는다.

"명필은 붓을 탓하지 않는다." 무슨 일이든 잘하는 사람은 어떤 조건에서도 제 할 바를 제대로 해낸다는 속담이다. 그렇다면 능력이 부족한 사람이 자기 탓은 하지 않고 도구나 남 탓만 하는 경우엔 뭐라고 할까. "서투른 숙수가 안반만 나무란다."

요리를 제대로 못하는 숙수熟手가 최상의 피나무 안반을 쓰면서도 안반이 별로라서 일이 더디다고 탓한다. 실력이 꾸준하지 못하고 기복이 심한 주방장은 짜증만 낸다. "칼이 왜 이 모양이야."라며. 그러면 옆에서 조수는 속으로 생각하죠. '칼이 어때서, 당신이 그 모양이지.' 숙수는 큰 잔치에서 음식을 만드는 사람을 이르는데 지금으로 치면 큰 음식점 요리사다. 세상에는 서투른 숙수가 많다. 그런 반면에 피나무 같은 정직하고 묵묵한 숙수도 많다. 영인산에 동행한 친구는 남 탓을 모르는 사람이다. 쓰임도 다양해 남들이 부러워 하는 버릴 게 없는 피나무 닮은 숙수 같은 사람이다.

동행한 친구를 닮은 피皮나무는 안반으로만 쓰이는 게 아니라 무엇 하나 버릴 게 없는 귀한 나무이다. 특히 껍질이 '나무 이름'이 될 만큼 껍질의 쓰임새는 더 다양하다. 껍질은 섬유질이 강인하고 삼베보다 더 질기며 물에도 잘 견디므로 예전에는 생활에 크게 기여했다. 나무껍질로 기와 대신 지붕을 잇기도 하고 껍질의 내피 섬유로는 천을 짜서 술이나 간장을 걸러내는 자루를 만들었으며, 알곡 등을 담는 포대로도 썼다. 노끈, 새끼, 로프, 어망을 만들어 썼다.

옛날에는 아름드리 피나무가 우리나라 전역에 분포했으나 일제강점기에 수탈당하고, 한국전쟁을 거치면서 쓸모가 많다 보니 마구잡이로 베어지는 수난을 당했다. 그래서 우람한 사이즈의 피나무는 만나기 어렵다.

피나무 목재의 특성은 연한 황색으로 가벼우면서도 결이 치밀하고 무른 성질이며 곧게 자라서 예로부터 다양한 가구재로 쓰였다. 조선시대 대표적인 쓰임새는 궤짝이었다. 《조선왕조실록》을 보관하는 궤짝도 대부분 피나무로 만들었다. 피나무는 목불상, 불경을 얹어두는 상과 밥상, 교자상, 두레상을 만들었다. 사대문의 현판재로도 사용되어 목조 문화재의 꽃을 피웠다.

게다가 피나무 꽃은 밀원蜜源으로 더 유명하다. 5월은 아까시, 6월은 밤꽃, 7월은 피나무가 대표적인 밀원이다. 꽃자루에 달린 포는 독특한 생김새와 향을 지니고 있어 나무 옆을 스치기만 해도 꿀 냄새가 진동한다. 이 냄새의 유혹에 넘어가 꿀벌들이 모여들 수밖에 없다. 그래서 서양에서는 비트리(Bee Tree)라고 부른다. 고등학교 후배들이 충북 영동에서 친환경 양봉사업으로 그곳에 밀원용 피나무 숲 10만 평을 조성했다고 한다. 참 고무적인 일이다.

목재뿐 아니라 꽃이 아름다워 가로수나 공원수로도 많이 심는다. 영인산 공원에도 공원수로 자리하여 마침 꽃이 핀 날에 만난 건 행운이었다. 봄에 배나무에는 벌들이 귀했는데 피나무에서 윙윙거리는 벌들이 얼마나 보기 좋던지! 동지섣달 꽃 본 듯이 반가웠다. 근년에 벌들이 급감하여 생태계가 무너질까 많은 걱정을 하는 터이기에 더 반가웠다.

벌꿀과 공생하는 피나무보다 더 버릴 게 없는 친구는 소외받은 계층 사람들을 돌보며 오늘도 어딘가에서 땀을 흘리고 있을 것이다. 그는 절대로 안반을 탓하지 않는다.

배흘림기둥에 반하다

팬데믹으로 닫혔던 문들이 열렸다. 문학기행의 문도 열렸다. 문학회를 따라 봄 기행을 나섰다. 당일 코스로 예산의 유적지를 찾아가는 일정이었다. 먼저 덕숭산 수덕사를 찾았다. 시원한 바람을 맞으며 일주문을 지나 걸어가는 길가에 수국이 푸른빛을 발하며 싱그럽게 피어 있었다.

여러 번 찾아가도 설레는 마음이 진정되지 않는 사찰이다. 우리나라의 현존하는 사찰 중에 오래된 국보급 목조건축물로 유명하다. 신라 후기와 고려 초기의 목조 건축물의 온전한 형태를 보존하고 있다. 안동의 봉정사 극락전, 영주 부석사 무량수전, 영천 은해사 거조암의 영산전 등과 함께 문화재적 가치가 높은 곳이다.

대웅전 안에서는 법회가 열리고 있었다. 한옆에서 내부를 들여다보려고 계단을 오르는데 동행하신 선생님께서 모서리 기둥을 만지며 "배흘림기둥이다" 하셨다. 오랜 세월 세파에 시달린 노파의 손등처럼 거칠하다. '배흘림기둥' 하면 생각나는 게 있다. 국립중앙박물관장을 지낸 고故 최순우 선생의 〈무량수전 배흘림기둥에 기대서서〉라는 명수필이다. 영주 부석사 무량수전에 남아있는 목조건축의 진수를 압축해 놓은 짧은 글이다. 건축 전문가이거나 혹은 아니라도 읽어 보면 다 매혹되고 말 것이다.

부석사 무량수전만큼이나 애착이 가는 곳을 더 꼽으라면 나는 수덕사 대웅전을 주저 없이 말한다. 현존하는 가장 오래된 목조 건축물은 안동 봉정사 극락전이라고 하지만 기록상 가장 오래된 건축물로는 국보 제49호로 지정된 수덕사 대웅전이라고 한다. 부석사 무량수전과 건물구조는 다르지만 천년 고찰의 아름다움을 꼽는다면 수덕사 대웅전을 빼놓을 수가 없다.

"아, 아름다운 배흘림기둥!" 살포시 감싸 안아본다. 울퉁불퉁하고 노인의 살가죽처럼 파이고 갈라져 있다. 긴 세월의 풍상을 묵묵히 견디며 꿋꿋이 서있는 모습은 대웅전 안에 모셔진 부처님의 미소를 닮았다. 갑자기 궁금해졌다. 기둥은 무슨 나무인지, 나무에 조예가 깊지 않은 나로서는 가늠이 되지 않았다. 알아보았더니 당시에는 싸리나무가 사찰 기둥으로 많이 쓰였다고 한다. 그런데 기둥목으로 쓸 만한 큰 싸리나무가 과연 얼마나 있었을까 싶다. 수덕사 대웅전, 부석사 무량수전 기둥은 싸리나무가 아닌 느티나무가 쓰였다고 한다.

대웅전 앞마당에는 300년 된 느티나무 두 그루가 서있다. 느티나무도, 주목이 그렇듯 살아서 천 년, 죽어서 천 년을 산다. 대웅전 배흘림기둥이 느티나무인 게 입증하고 있지 않은가. 배흘림기둥은 기둥의 아래위 부분을 가운데 부분보다 가늘게 하여 곡선 체감으로 시각적인 안정을 준다. 간장, 된장 항아리(도아지)처럼 배가 나온 형태이다. 고대 로마의 신전에서도 사용된 건축기법이기도 하다. 그들은 이를 '엔타시스'라고 불렀다.

배흘림기둥은 주심포기둥이나 다포기둥으로 세운다. 주심포는 공포가 기둥에만 있고 다포는 공포가 여러 개로 늘어서 있다. 어느 식이든 지붕의 하중을 기둥에 골고루 전달하기 위함이다. 주심포는 주로 고려 전기의 양식이고 다포는 고려 후기에 원나라의 영향을 받아 등장한 공법이다. 배흘림기둥은 맞배지붕에 균형을 유지하기 위한 것이다. 정면 3칸 측면 5칸짜리 수덕사 대웅전을 비롯해 다른 목조 사찰은 거의 맞배지붕으로 구성되어 멋을 더해주고 있다.

고려시대의 법식을 잘 보여주는 부석사 무량수전은 정면 5칸 측면 3칸 규모로 대담하게 기둥 사이가 넓다. 높이도 당당하여 안정감이 있다. 무량수전만은 배흘림기둥이 받혀주는 팔작지붕의 아름다운 곡선이다. 물매는 완만하다. 처마의 아름다운 곡선은 결코 느릿하지도 않다. 그렇다고 재빨리 경망스럽게 비호처럼 하늘로 치닫지도 않는다. 부드럽기가 한량없는 처마 선이다. 팔작지붕 곡선이 우위에 서게 된 것은 정신적인 것의 드높임을 뜻한다고 했다. 나아가 우리 민족이 전통적으로 천天을 숭상해 왔다는 사실을 암시해 준다고 했다. 더욱이 무량수전 기둥이 배흘림이어서 직선다운 곡선, 곡선다운 직선이고, 배흘림기둥 위에 처마 곡선이 내려앉으니 이 얼마나 아름다운 조합인가.

부석사는 우리나라 화엄사상의 발원지이다. 신라 문무왕 때 의상대사가 창건했다. 의상대사와 선묘 아가씨의 애틋한 사랑 이야기도 화엄세계의 한 장면일까. 그 사랑이 도달한 그 자리이다. 참된 근원을 밝히는 한 폭의 그림. 번뇌의 바람이 잠든 마음의 바다. 법성의 바다, 거기에 이르게 하는 210자의 '화엄일승법계도華嚴一乘法界圖'가 만상을 비추고 있다. 그중에서 "무량한 먼 시간이 곧 한 생각이오[無量遠劫卽一念], 한 생각이 곧 무량한 그 시간이니[一念卽無量劫]"를 읊어보니 무량한 시간도 한곳에 머무르는가. 그래서 의상대사는 "가고가도 본 자리에 있고, 오고와도 떠난 그 자리에 있다[行行本處 至至發處]."라고 했나 보다. 우왕좌왕하지 말고 오늘에 충실하며 살라는 말로 들린다.

건물에 안정을 주고 부처님의 사상을 담고 있는 수덕사 대웅전이나 부석사 무량수전의 배흘림기둥은 언제 보아도 나를 반하게 한다. 배흘림기둥이 돌아서는 발길을 자꾸만 잡아 세운다.

팬데믹 후
외식
언택트 시대
어느 숲속의 군상
거울
잔칫날
정월대보름의 한라산
지켜지지 않은 약속

팬데믹 후

"행복은 전속력으로 다가오고 있었다. 일들은 기대하던 것보다 더 빨리 진행되고 있었다. 마치 그날이 자기들의 생환기념일인 양 마음껏 즐기고 있었다. 이튿날이 되면 다시금 본래의 생활이 그 자체의 조심성과 더불어 다시 시작될 것이었다."

카뮈의 소설 《페스트》 끝부분에 있는 문장이다. 이 시대에 소설이 재현되기라도 하는 건가. 코로나19 팬데믹으로 3년째 끝 모를 늪에서 허우적대고 있다. 《페스트》의 오랑 시민들처럼 행복을 맞이할 날은 언제일까.

팬데믹으로 홍역을 치른 나라들은 저마다 자국민들에 대한 보호조치를 강화했다. 그러나 우리가 올려다보던 선진국조차도 속절없이 무너져 내렸다. 더는 선진국이 아닌 듯했다. 시장질서가 무너지고 시민들의 삶은 오로지 생존에 매달리고 있다.

복지국가도 경제 선도 국가도 모두 방역에는 실패였다. 그들은 코로나19 퇴치정책을 쏟아내며 백신개발과 접종에 매진했지만 성과는 기대에 미치지 못했다.

우리나라는 철저한 마스크 쓰기와 사회적 거리 두기 정책으로 얼마간의 효과는 거두었다. 헌신하신 의료진과 구급대원들의 역할이 한몫했다. 더해서 진단키트를 신속히 양산, 공급한 제약·바이오 기업들의 공도 빼놓을 수 없다. 의료기관과 질병관리청 등에 새삼 감사하다.

팬데믹 사태를 거치며 아이러니하게도 서방세계에 대한 열등감에서 일면 벗어났다. 어려움 속에서도 자긍심을 가져보게 되었다. 지난 역사를 돌이켜 볼 때 우리 민족은 나라의 혼란이나 위기의 고비마다 빛을 발해 왔다. 격랑과 위난을 이겨온 바탕은 무엇일까. 유가 사상으로 단련해온 인간다움과 예禮 개념의 밑바탕이 아니었을까. 소유에 집착하는 개인적 욕망보다는 다른 사람도 나와 동일하다는 동류의식으로 보편적 존재가치를 우선하는 미덕이 돋보였다.

혼자 갇혀 지내는 시간이 길다보니 미덕이 바탕이 된 경주 최 부잣집 가훈이 떠올랐다. 가훈에 '육연六然'이란 몸가짐의 지침이 따로 있다.

> 자처초연自處超然 혼자 있을 때 초연하게 지내라
> 대인애연對人靄然 남을 대할 때 온화하게 대하라

무사징연無事澄然 일이 없을 때 마음을 맑게 하라
유사감연有事敢然 유사시 과감하게 대처하라
득의담연得意淡然 뜻을 이루었을 때 담담하게 행동하라
실의태연失意泰然 실의에 빠져도 태연하게 행동하라.

코로나19가 사라지면 페스트를 겪은 오랑 시민들처럼 완전한 일상생활과 경제회복이 가능할까. 고물가, 고금리, 고환율, 고실업 등의 암울한 단어들이 자주 매스컴에 오르내리고 있다. 세계적인 경제 팬데믹으로 이어질지도 모르겠다. 이를 헤쳐나갈 마지막 보루는 내면의 힘이 아닐까. IMF 때 금모으기로 초인적인 힘을 발휘했던 것처럼.

흩어져 있는 각각의 힘을 한곳으로 모으고, 타인과의 관계를 존재의 근본으로 삼고, 각자의 역할과 규범 관습을 지켜나갈 때 우리는 제2의 오랑 시민으로 다시 일어설 수 있을 것이다. 최 부잣집 육연, 한 자 한 자를 읽으며 다시 그 의미를 마음에 새긴다.

외식

어제는 호숫가를 산책했다. 기세등등하던 동장군은 어느새 자취를 감추었다. 끈질기게 버티던 얼음도 속절없이 녹아내렸다. 어디선지 '개구르르' 개구리 소리가 봄바람을 타고 들려왔다. 개구리도 경칩이 다가옴을 용케도 알아차렸나 보다. 자연의 조화가 참 경이롭다.

오늘은 아파트단지 주변을 산책했다. 동반자와 동행을 하니 비서님을 모시고 나온 것처럼 마음까지 여유로웠다. 양지바른 곳의 매화도 배시시 웃으며 고개 숙여 인사를 했다. 식욕을 돋우기 위한 워밍업 산책을 나선 것인데 아내는 내용도 모르고 따라나섰다.

나도 내용도 모르고 친구들을 따라나섰던 적이 있다. 40여 년 전 비교적 늦게 골프를 시작했던 때였다. 그 후로는 골프가 좋았다기보다는 머리 얹은 날의 감회 때문에 골프에 푹 빠졌다는 게 맞을 것 같다. 골프장 조성은 해봤어도 골프클럽을 메고 필드로 나선 건 그때가 처음이었다. 첫 홀에서 티샷을 날렸다. 등 뒤에서 들려오는 "굿샷!" 소리에 나는 멍하니 서있었다. 동반자와 캐디들의 합창이었다. 필드에서의 첫 샷! 공이 멀리 날아갔는지는 고사하고 똑바로 가는 게 중요하다는 선배들의 얘기만 생각났다. 동반자들이 굿 샷을 외친 건 똑바로 간 것을 의미하리라.

세컨 샷을 위해 하얀 공 앞에 섰다. 노란 잔디 위에 놓인 공에서 잠시 고개를 들었을 때 경사진 언덕 위에 새하얀 불이 켜져 있는 게 아닌가. 나무 위에 핀 백옥 같은 하얀 꽃다발! 목련화가 살며시 고개를 들고 있지 않은가. 이른 봄, 동네에는 꽃소식이 없는데 산허리의 골프장에는 어떤 연유로 순백의 꽃다발이 걸려 있는 것일까. 초보자를 환영하는 선물인 듯했다. 일행들은 영문도 모르고 서있는 나의 뒷모습을 보며 멍하니 기다리고 서있었을 것이다. 공치기는 뒷전이고 순백에 넋을 빼앗기고 말았으니…. 골프장에 갈 때마다 그날의 목련이 가슴에서 피어났다.

목련 하면 민속촌에서 둘이 걸으며 보았던 꽃이기도 하다. 민속촌에서의 그날은 바람이 몹시 차가웠었다. 함께 걸으며 좋았던 기억이 아직도 생생하다. 목련꽃보다 예쁘던 아내였다. 목련 아래서의 사랑이었다.

그때의 목련꽃 얘기를 꺼내며 아내에게 외식을 하자고 했다. 얼굴 표정이 금방 환해지는 아내, 오미크론 때문에 외출은 고사하고 마스크로 입과 코를 닫고 지내던 때였다. 좀 이른 점심이지만 아내가 좋아할 만한 식당으로 들어갔다. 조용한 자리에 마주앉아 아내의 얼굴을 유심히 바라보았다. 같이 살아도 근래에 자세히 바라본 적이 별로 없다. 그 예쁘던 얼굴과 피부는 다 어디로 간 것인가. 세월의 훈장인가. 세상에 부는 바람을 오랜 시간 맞아 온 때문인가. 이게 다 나를 만나 젊음을 보낸 흔적이란 생각을 하니 애잔하다.

얼마 전 친구들과 용인 풍덕천길을 걸으며 커다란 보호수 한 그루를 본 적이 있다. 그때도 아내 생각이 겹쳐졌다. 650년을 넘는 세월을 견뎌온 나무는 개울 건너에서 바라보니 웅장했다. 나무는 개울과 2차선 도로 사이에 외롭게 서 있었다. 가까이 다가가보니 칙칙한 가지는 기다란 철제 파이프로 군데군데 떠받쳐져 있었고 몸통의 움푹 파인 곳은 시멘트 반죽으로 채워져 있었다. 몸체는 커다란 혹들이 튀어나와 울퉁불퉁했다. 온갖 시련을 견디며 살아온 훈장 같았다. 개발의 논리로 다른 나무들은 모두 베어져나가고 외롭게 서있는 게 애처롭다.

오로지 오랜 세월 동안 이곳에서 고려가 망하고 조선이 세워지는 것도 묵묵히 지켜봤을 것이다. 임진왜란이나 병자호란을 겪으며 얼마나 노심초사했을까. 일제치하 서른여섯 해와 북괴의 남침 때는 또 어떻게 견뎠을까. 가슴 한편이 아려온다.

그래도 즐거운 날도 많이 있었을 것이다. 과거 보러 가는 선비가 시원한 그늘에서 가슴을 풀어놓고 쉬었을 것이고, 그들이 땀을 식히며 고마움을 표했던 날은 덩달아 기분이 좋았을 것이다. 가마나 나귀 타고 시집 장가가던 신부 신랑도 시원한 그늘에서 쉬었을 것이다. 고목도 나이가 들고 하도 늙어서 기억이 잘 나지 않으려나.

아내의 얼굴을 마주앉아 지난 시간을 회상하며 나무가 견뎌온 시간과 우리네 삶의 시간을 가늠해 본다. 나무의 세월에 비하면 우리네 삶은 길지 않은 시간이지만 희로애락이야 얼마나 많았던가. 나무의 세월과 인간의 삶 또한 다를 바 없다. 얼굴은 쪼그라들고 기력은 쇠하고 눈도 침침하고 귀도 어둡다. 이제 힘에는 겸손하고, 보기 싫은 것은 빼고 좋은 것만 보고, 귀에 거슬리는 얘기에는 닫고 아름답고 좋은 소리만 들으라고 했던가.

민속촌의 식탁에 나란히 앉아 어깨를 맞대고 식사를 할 때는 부드러운 촉감이 옷을 타고 올라오며 찌릿하기도 했었는데 이제는 마주앉아 눈빛만 주고받는다. 보노라니 내 눈의 희미한 시력 탓인지 희뿌연 아내의 얼굴이 선명하지 않다. 걱정의 시간을 견디며 바람과 햇볕에 그을린 얼굴이 또 애잔하다. 함께한 시간의 흔적들이 뭉게뭉게 피어오른다. 이렇게 결혼기념일에 마주앉은 마음은 측은지심이다. 그래도 오늘같이만 살아가면 좋겠다.

언택트 시대

언제부터인가 발길이 막혔다. 나의 기분을 업시켜 주는 건 길을 떠나는 여행이었다. 그런데 발길이 멈추니 발이 먼저 아파왔다. 마음이 더 아픈 탓이었다.

마음이 답답할 때나 일이 생각과 다르게 풀릴 때는 일상을 벗어나고 싶은 게 솔직한 마음이다. 코로나19로 갇혀 지내는 상황에서 공항으로 향하는 생각만으로도 마음은 날아갈 듯 가벼워진다. 일상은 어느새 사라지고 공항 출국장이 개선문처럼 다가온다. 현관을 나서는 건 무릉도원을 찾아가는 길처럼 설레고 마음은 애드벌룬처럼 하늘로 날아오른다. 나름대로 한껏 이국풍으로 멋을 내고 커다란 가방을 끌고 나서면 마음이 저만치 앞서 달려간다. 시각장애인 유도블록을 넘는 덜덜거림도 마음을 상쾌하게 한다. 날아가는 새들도 응원의 노래를 보낸다. 내 마음은 그들보다 앞서 날아간다.

그런데 발길을 나서지 못하는 언택트 생활이 일상이 되어버렸다. 2년 반이 더 지났다. 얼마 전부터 규제가 조금은 풀렸다지만 가는 곳마다 의심의 눈초리다. 눈치 없이 종횡무진 경계를 넘나드는 이는 반갑지 않은 불청객 코로나19란 놈뿐이다. 삼복더위에 쇼윈도의 마네킹처럼 꼼짝없이 갇혀 있으니 정신마저 혼미해진다.

옛사람들은 어떻게 여름을 보냈을까? 옛 그림에, 나무그늘에서 흐르는 물에 발을 담그거나 등목을 한다. 바위나 정자에 앉아 있거나 비스듬히 누워 폭포를 감상하기도 한다. 어디는 바둑을 두거나 시를 읊는 장면도 있다. 산에 들어가 선천세계先天世界의 기운을 받아들여 몸에 축적하기도 한다. 산과 물이 피서의 수단이었을 것이다.

옛 선인들은 여행을 떠나기보다는 와유문화臥遊文化를 즐겼다고 한다. 와유란 누워서 즐긴다는 말이다. 이동수단이 변변찮기도 했겠지만 시간과 비용도 여의치 않았으리라. TV나 인터넷은 물론 라디오도 없던 시절이라 집에서 그림을 감상하고 시를 읊으며 피서를 했을 것이다. 당대 최고 화가 겸재 정선이 수성동계곡을 그린 〈장동팔경첩〉이나 안견의 〈몽유도원도〉 같은 그림을 감상하였으리라.

우리는 삶이 풍성해지며 여행이 일상인 시대가 되었다. 그러나 지금은 코로나 팬데믹으로 문밖출입이 여전히 어렵다.

TV나 넷플릭스에 의지하여 견디기는 하지만, 규제가 언제 풀릴지? '집콕'으로 싫증만 커져간다.

여행을 떠날 수 없으니 궁여지책으로 지난 추억 속으로 떠나보는 수밖에…. 컴퓨터를 열고 추억이 가득한 창고에 들어가 본다. 갤러리 속의 여행지들을 하나씩 꺼내본다. 추억의 사진과 영상을 펼친다. 연계하여 핸드폰도 펼쳐든다. 스테레오 울림처럼 추억의 올림과 내림이 전개된다. 숱한 필름 속 추억 여행에 빠져든다.

당시에는 여행을 즐기기보다는 사진을 찍어 대느라 정신을 빼앗기곤 했다. 보이는 대로 카메라에 담는다고 뒤처지기 일쑤였고 일행을 따라가느라 볼거리는 지나쳐버린 곳들이었다. 이제 보니 사진속의 추억들이 참 친근하다.

사진 속의 풍경들을 하나하나 보고 즐긴다. 기둥만 남은 신전, 언덕 위에서 바라본 지평선같이 넓은 초원, 화려한 옷차림으로 각국의 특징을 드러내던 여행객들의 환한 미소가 재생된다. 그때의 내가 사진에서 걸어 나온다. 사진에 불과하던 배경들이 청운당(나만의 서재)에 갇힌 나를 끌어낸다.

여기가 어디인가. 아드리아해변인가. 바이칼호수인가. 사진을 보며 기억의 퍼즐을 맞춰본다. 새벽 호수의 자욱한 안개가 실루엣으로 다가온다. 푸른 하늘과 윤슬이 반짝이는 호수의 틈새로 안개가 흐르고 있다. 여린 한줄기 빛이 긋고 지나간 상처를 감싸기라도 하듯 호수는 고요하다. 오래된 잔영殘影이

바다 같은 호수에서 물안개 되어 피어난다.

내 영혼도 호수같이 잔잔해졌을까. 산길을 넘고 넘어 수변을 걸어가는 언덕에 환히 웃고 있는 참꽃을 보니 가슴이 울컥한다. 알 수 없는 울림이 내 안에서 솟아오른다. 바이칼호숫가에 홀로 서있는 기분이라니…. 기쁜 것도, 슬픈 것도 아닌 묘한 기분이다. 홀림에 빠져들어 옴짝할 수가 없다. 오래전부터 걷던 언덕길 같다. 한참을 멍하니 앉아 있자니 의식의 흐름은 고향의 강가를 향한다.

모든 기억은 과거를 편집한다. 하지만 그 아침의 바이칼은 특별한 기념사진으로 남아있다. 황홀한 무릉도원에 이른 듯 모든 걸 초월한 시간이었다. 여행을 떠날 때는 그런 순간을 기대하지만, 매번 그런 행운을 얻지는 못한다. 풍광들은 속살을 잘 드러내려 하지 않기 때문이다.

집안에 박혀 지나온 시간이 얼마인가. 이렇게 발이 묶일 줄은 생각도 못했다. 사라지는 듯하더니 새로운 변이바이러스로 팬데믹은 길어지고 있다. 언택트 시대, 집에서 뒹굴며 와유臥遊를 하다 보니 자유롭게 여행하던 때가 그립고 감사하다. 당연시 여겼던 자유로운 일상이 축복이었음을 새삼 깨닫는다.

어느 숲속의 군상

햇볕이 따뜻한 오후! 산야는 포근하고 아늑해 보였다. 들판 너머 산들은 너저분한 잎들을 떨어내고 정갈하게 겨울채비를 마쳤다. 갈걷이가 끝난 들녘은 허허롭다. 산자락과 잘 어울리는 풍경이었다. 병원을 향하는 길옆으로 호수가 보이고 윤슬을 가르며 들오리 가족이 행차를 나왔다. 저들은 병원 가는 길은 아니겠지.

병원을 향하는 발길에 심란한 마음이 무겁게 매달렸다. 오늘은 유난히 더 그랬다. 몇 달 만에 가는 심장 정기검진날이었다. 여름부터 내내 부실한 이 몸뚱어리는 병원을 수도 없이 들락거렸다. 혈압이 오르락내리락하고 목이 뻣뻣하게 굳는 듯도 했다. 백신 탓이었을까. 머리도 아팠다. 혈당수치도 널뛰기를 반복했다. 그동안의 일들을 감당하려고 주치의를 만나러

가는 길이었다. 깊은 산속으로 홀로 들어가는 기분이랄까.

병원 입구에서부터 화살표가 막아섰다. 코로나19 검사를 받고 입원하라고 했다. 어제 보건소에서 긴 줄에 서서 받아온 음성 결과지를 보여줘도 소용없다. 현장검사 후에야 입원 수속을 마치고 정해준 입원실을 찾아갔다. 담당 간호사의 점검이 또 있었다. "임낙호 선생님이세요?" 코로나19 검사결과와 신원조회 절차를 거친 후에야 비로소 침대 배정을 받았다. 신병훈련소 입소절차 같았다. 6인실 입구 좌측 병상이 주어졌다. 환자복으로 갈아입고 각종 검사를 받았다. 저녁 식사 후부터 금식이라고 했다. 침상 위에서 아내와 마주앉아 병원 식으로 저녁을 때우고 나니 이런저런 잡념에 빠져들었다.

밤 동안 별일이 없을 듯해 아내에게 집에 다녀오라고 했다. 혼자 할 일 없이 앉아 있자니 TV 소음만 귀에 거슬렸다. 멍하니 앉아 있어도 뉴스 소리가 들리며 나라의 현세가 걱정을 더했다. 어느 것 하나 국민의 삶을 위한 정치라고는 찾아볼 수가 없으니…. 부동산 정책이 그렇고, 근로정책의 오류로 젊은이들의 일자리가 줄어들고, 원전을 폐기하는 에너지 정책으로 전력 차질이 그랬다. 코로나19 방역은 또 어떤가. 외교는 이 나라에 차이고 저 나라에 문전박대 당하고 있으니 나라의 체면이 땅에 떨어지는 데 2년이 채 걸리지 않았다. 국민이 원하는 것에 역행하고 있지 않은가. 나라의 운명이 하루빨리 바로 세워지는 계기가 되기를 바랄 뿐이었다.

잡념을 떨치려고 준비해간 김○○ 선생님의 수필집을 펼쳤다. 두 주제를 읽었을 즈음 앞 침대에서 커튼 너머로 노인의 절규가 터져 나왔다. "아이구 배야, 아이구 배야." 요양보호사가 왜 그러느냐고 몇 번을 물어도 대답이 없자 간호사를 황급히 호출했다. "영감님이 복통을 호소해요. 어서어서…." 간호사는 요리조리 살피더니 옆동 간호사들까지 불러들여 내 침대를 툭툭 치며 급하게 침대에 눕힌 채로 끌고 나갔다. 커튼을 열고 내다보니 그들은 복도 저편으로 총총히 사라지고 있었다. 다음날도 그 노인은 병실로 돌아오지 않았다.

눈이 아파져 왔다. 이제는 책조차도 피곤을 안기는 존재가 되었다. 일찍 잠자리에 누워 눈을 감았다. 내일 검사받는 동안 '무슨 일은 생기지 않을까?' 염려증이 머리를 삐쭉이 들었다. 별일 없기를 기도하고 잠을 청해보려는데 이번에는 옆 침대 영감이 둔탁한 기침을 연속으로 해댔다. 낭랑한 목소리의 보호자가 이불을 덮어주며 다독거리는 듯했다.

"이쪽 다리 좀 들어봐요. 이불을 덮게요. 어허! 여기 이불이 젖었네. 아니 바닥도 다 젖었네. 다 갈아야겠네." 그런데 남자는 연신 칙칙한 기침만 해댔다.

"아, 놔둬. 힘들어." 기침 소리가 병실을 더 질척거리게 했다. "안돼요. 냄새나서. 어서 들어봐요. 옆으로 '궁글어' 봐요."

"아이구, 힘들어. 놔두라고."

"잘했어요. 이제 이쪽으로 돌아봐요. 잘했어요. 아이, 잘했어요. 이게 도와주는 거예요." 티격태격하며 침대보를 거두어 가는 모양이었다. 잠잘 시간인데도 그녀의 중얼거리는 소리가 계속 방안을 휘저었다. 남자는 씩씩거리며 거친 숨소리만 뿜어댔다.

그들의 실랑이는 묘한 궁금증을 일으켰다. 그러고 보니 부부관계 같으면서도 아닌 듯 아리송했다. 낮에는 의당 부부려니 생각했었는데. 그들의 대화 워드는 달랐다. 요양보호사인 듯도 했다. 그녀의 말속에는 불만이 가득 섞여 있었다. 환자의 나이는 가늠이 잘 되지 않았다. 실은 얼굴도 보지 못했다. 나는 관심을 거두기로 하고 침대에 몸을 다시 뉘였다.

잔다고 잤는데 깨어보니 새벽 2시도 채 안 되었다. 다시 잠을 청해보려 해도 오지 않았다. 어찌하여 잠깐 잠이 들었다가 깨었다. 그래도 아침은 멀기만 했다. 스마트폰의 이것저것을 뒤져보며 밀린 문자에 답을 보냈다. 다른 환자들이 기상하기 전에 살금살금 세수하고 검진 준비를 마쳤다. 그 사이 아내가 걱정이 되었다며 일찍 돌아왔다. 목에서는 심한 갈증이 일더니, 더 지나니 갈증조차도 제풀에 사라졌다. 드디어 왼팔에는 커다란 수액주사가 꽂혔다. 혈액검사를 해야 한다며 또 피를 여러 대롱 채취해 갔다.

아침시간 다시 몇 가지 검사를 또 받았다. 그런데 어디서 오는지 담배 냄새가 코끝을 슬슬 자극한다. 처음에는 설마하며 의심했다. 병실에서 누가 담배를 피우랴. 아내는 "무슨 약품 냄새겠지." 했다. 그런데 점점 냄새는 진하게 퍼졌다. 다른 침대에서도 웅성거렸다. 범인(?)은 곧바로 색출되었다. 앞줄 창가 침대의 80대 노인이었다. 간호사는 엄중히 경고했다. 퇴실 당할 수도 있다고. 담배와 라이터를 내놓으라고 해도 안 된다며 떼를 써댔다. 간호사는 보호자 할머니를 복도로 불러내 담배를 소지하면 안 된다고 했다. 할머니 왈, 담배를 뺏을 수가 없단다. 간호사는 "환자가 잠들면 담배와 라이터를 꺼내오세요. 아니면 이곳에서 나가야 해요."라고 최후통첩을 했다. 담배 냄새에 환자와 보호자들이 복도에 모여서 웅성거리며 한마디 씩 던졌다. "아니, 말이 돼? 병실에서 담배 피우는 사람은 처음 봤네!" "지금이 어느 땐데…."

하룻밤 사이에 병실에서는 여러 일들이 벌어지고 있었다. 사각의 말끔한 대학병원 건물은 밖에서 보면 웅장하고 고요하기만 하다. 그 속에서는 이렇게 인간 군상들의 크고 작은 일들이 소용돌이치고 있다. 일이라면 일이고, 사건이라면 사건인 현상들이었다. 웅장한 산세山勢도 속을 들여다보면 수많은 동식물, 눈에도 잘 보이지 않는 미물들까지 병원 속같이 우글거리며 살아가고 있지 않는가. 지난밤 내 병실이 숲속이었다.

거울

창가에 환히 내리며 웃음 짓는 달빛을 보았는가. 보드라운 미소를 머금은 가을 달빛은 솜틀에서 나오는 하얀 솜처럼 부드럽다. 부드러운 달빛이 잠자고 있는 내 반쪽의 얼굴 위에 사뿐히 내려앉는다. 그의 입가에도 연한 미소가 달빛에 번진다. 지난날의 추억을 소환하여 누구와 담소를 나누는 것인가. 천진한 소녀의 모습인 양 평화롭다. 잠든 아내를 뒤로하고 달빛을 따라나선다.

발길은 호수를 향한다. 경포호를 흐르는 달빛! 고요하다. 창연히 내려앉는다. 달빛 따라 달도 호수에 끌려 들어간다. 호수에 내리는 달빛에 얽힌 홍장과 강원감사 박신의 애틋한 사랑의 사연이 달빛을 더 황홀하게 한다. 푸른 달빛에 반해 한참 동안이나 넋을 잃고 서있다. 달은 호수 속을 맑게 비춘다. 이런 걸

명경지수라 하는 것이리라. 경포호를 따라 걷노라니 해운정 앞에 다다른다. 낮에 읽었던 해운정에 걸린 율곡 이이의 시가 떠오른다.

바닷가에서 갈매기와 벗삼아 외로이 사는데,
정자가 창명을 굽어보아 망천보다 낫다오.
영합하기 싫은 이 몸은 세상을 도망하여,
한가로운 우주 간 고깃배에 의탁했네.
밤이 고요하자 달빛 물결이 잔잔하고,
서리 맞은 단풍잎은 비단처럼 선명하구나.

명경지수明鏡止水란 밝고 맑은 거울과 같은 잔잔한 물이요, 마음이 고요해지고 안정된 상태를 이르는 것이다.

춘추시대 노나라에 왕태王駘라는 선비가 있었다. 어쩌다 죄를 짓고 한쪽 발이 잘리는 형벌을 받았는데, 그런 전력前歷과 불구不具에도 상관없이 그를 따르는 제자가 많아 공자의 제자 수와 맞먹을 정도였다고 했다. 그 점을 불만스럽게 여긴 공자의 제자 상계常季가 스승한테 물었다.

"스승님, 왕태라는 사람은 외발이 병신입니다. 풍채도 그렇고 학문도 스승님보다 못합니다. 그런데도 그를 따르는 제자가 놀라울 정도로 많습니다. 저는 그 까닭이 무엇일까, 하고 관심을 가지고 지켜보았지만, 그는 서 있어도 가르치지 않고,

앉아 있어도 대화하는 법이 없었습니다. 그런데도 사람들은 빈 마음으로 그를 찾아갔다가 뭔가 가득 얻어 돌아간다고 말하고 있습니다. 왜 그럴까요?"

공자가 답했다.

"말을 삼가라. 그분은 성인이시다. 나도 장차 그분을 스승으로 모시려고 한다. 본래 '말 없는 가르침'이란 게 있느니라. 겉으로 드러내지 않아도 속으로 완성된 마음의 소유자인 경우는 그것이 가능하다. 짐작건대 그분은 타고난 지혜로 자신을 수양하고 그것을 변함없는 본심으로 가꾸어 왔을 성싶다."

"스승님 말씀대로라면 그것은 자신을 위해 행한 수양이잖습니까? 그런데도 세상 사람들은 왜 그의 주변에 몰려들까요?"

"간단한 이치다. 흐르는 물을 들여다보면 자기 얼굴을 볼 수 있겠느냐? 잔잔한 물이라야 자기 얼굴을 비춰볼 수 있다. 그분의 마음도 잔잔한 물처럼 조용해서 사람들이 제 얼굴을 비춰보고자 모이는 것이니라."

맹자는 사람을 사랑해도 친해지지 않으면 인仁을 돌이켜 보고, 사람을 다스려도 다스려지지 않으면 지혜를 돌이켜 보고, 사람에게 예를 행하고도 보답 받지 못하면 경건함을 돌이켜 보라고 했다. 행하고도 얻지 못함이 있으면 모두 자신에게 돌이켜 구해야 하니, 자신이 바르면 천하가 돌아온다고 했다.

세상에서 가장 큰사람은 힘이 센 사람도, 부자도, 지위 높은 사람도 아니다. 큰사람이란 바로 도와주는 사람이 많은 사람이 아닌가. 맹자는 이런 사람이 되기 위해서는 인심을 얻어야 한다고 했다. 일상에서 사람들의 마음을 얻어야 돕는 사람이 많아질 것이다. 즉 도를 얻은 사람은 도와주는 사람이 많다는 '득도다조得道多助'의 뜻이리라. 왕태라는 선비가 바로 득도다조의 표본이 아닐까.

거울 앞에 서서 나를 들여다본 적이 언제였던가. 삶의 바퀴를 끌고 바쁘게 달려서 오늘에 이르렀다. 그러다보니 거울 속의 나를 제대로 들여다본 적이 별로 없지 싶다. 이제 보니 나는 어디 가고 백발만 성성한 영감이 앞니를 삐쭉 드러내고 멋쩍게 웃고 있다. 그런데 한참을 보고 있노라니 거울 속에서 나는 어디로 가고 아버지께서 서 계신 것이 아닌가. "아버지!" 하고 불러보았다. 그런데 대답 대신 말없이 웃으신다.

아버지는 자식들을 모아 놓고 자주 훈계의 말씀을 해주셨다. 겉으로 보이는 것만으로는 실상을 보기 어렵다며 마음속의 거울을 지니고 다녀야 한다고 하셨다. 마음이 어지러울 때는 마음속의 거울을 꺼내보라고 하셨다. 행하고도 얻지 못함은 마음의 거울 속에서 찾으라고 하셨다. 도를 얻으면 즉, 사람의 마음을 얻으면 도와주는 사람이 저절로 나타난다고 득도다조를 당부하신 말씀은 늘 유훈으로 가슴에 생생하다. 간직하며 살아보려고 애를 썼다지만, 돌이켜보면 얼마나 그렇게 살아왔는지!

잔칫날

찬바람이 목덜미를 파고든다. 소한과 대한 사이는 예로부터 겨울의 절정이기에 강추위는 당연지사다. 그런데 이런 날씨에 순응을 못하는 나로서는 남극의 펭귄처럼 시련의 시간이 되고 만다. 매년 반복되는 겨울이건만 이 겨울이 유별나게 추운 건 어인 일인가. 코로나19로 움츠림이 길어서인지 아니면, 면역력이 쇠하여진 까닭인지 모르겠다. 더구나 칼바람 속에서 광주 화정동 초고층아파트 콘크리트 붕괴사고는 우리의 마음까지도 얼어붙게 만들고 말았다. 평생 건축 일을 감당해온 나로서는 사고 소식을 접하고 보니 남의 일 같지 않다. 과거지사가 주마등처럼 떠올랐다.

겨울 공사현장의 아침은 동트기 전부터 분주하다. 현장 문도 활짝 열어 놓았다. 콘크리트 타설 전에 철근배근, 전기배관 그리고, 설비작업에 이어 거푸집의 수직 · 수평상태를 점검한다. 동바리도 꼼꼼히 점검한다. 뒤이어 자재과에 콘크리트 오더를 내린다. 자재 담당이 레미콘 공장에 출하를 요청한다. 실험장비는 펌프카 옆에 일찍부터 대기 중이다. 레미콘 트럭을 안내할 신호수는 무전기를 들고 큰길로 뛰어나간다. 마치 결혼 잔칫날 아침의 설레는 긴장감이다.

내가 어렸을 때 우리 집 잔치마당에 넓은 차일이 높게 쳐졌다. 대문은 활짝 열려있었다. 양쪽 기둥에는 청사초롱이 함초롬히 걸려있고 간간이 미풍에 흔들거렸다. 마당 한구석에는 마을 아낙네들이 옹기종기 둘러앉아 이야기꽃을 피우며 부침개를 부쳤다. 새로 들어올 신부에 대한 얘기들이었을 것이다. 연지곤지 찍고 오는 신부에 대한 기대감으로 마음은 한껏 부풀었다. 조무래기들은 우르르 몰려다니며 덩달아 분주했다. 먹거리가 궁했던 시절이었던지라 애들이 엄마 뒤로 슬금슬금 다가가면 “저리 가서 놀아!” 하면서도 부쳐놓은 전을 쭉 찢어 손에 얹어주었다.

추운 겨울에 맞이하는 하얀 신부는 나의 큰형수님이었다. 날씨는 봄날같이 유난히도 포근했다. 바람마저 잔잔하여 금상첨화였다. 하늘도 새신부가 예뻐 보였나 보다.

고운 꽃가마 행렬이 멀리 언덕을 넘어왔다. 어머니와 식구들은 더욱 분주해졌다. 축하객들과 음식을 차리는 아낙네들도 덩달아 서둘렀다. 어린애들도 새 신부에 대한 궁금증을 감추지 못했다. 동네 어른들도 약주 잔을 들다 말고 허리를 쭉 빼고 대문 쪽을 바라봤다. 우왕좌왕하는 사이에 가마 행렬은 마을 입구 다리를 건너 대문 가까이 다가왔다. 대문 앞에서 잠시 의식이 진행되었다. 바가지가 깨지고 팥과 메밀이 뿌려졌다. 가마는 짚불을 밟고 성큼 넘어왔다.

신부가 각시걸음으로 안방에 들자 신부상新婦床이 들어가고, 동네 아낙들이 잔칫상에 음식을 날랐다. 흥성이는 잔치 분위기에 들뜬 어린 나는 그들의 뒤를 종종거리며 따라다녔다. 북적이던 잔치는 해질녘 손님들이 하나둘 저녁준비와 소여물을 줘야 한다며 일어섰다. 그러나 신부는 아랫목에 다소곳이 앉은 채 족두리는 까딱도 안했다.

70여 년이 지난 지금 생각해 봐도 그날 맛보았던 노란 계란과 빨간 실고추 고명을 올린 잔치국수와 노란 송화다식 맛은 입속에서 맴돌고 있다. 그날의 신랑은 지금 하늘나라에서 신부를 맞이할 준비를 하고 있으니 가는 세월이 참 무상하기도 하다.

나는 공사현장에서 콘크리트를 타설할 때마다 '잔치마당'을 연상하곤 했다. 저 멀리 언덕을 넘어서 레미콘트럭이 붕붕거리며 먼지와 함께 들어오면 콘크리트 잔치가 펼쳐진다. 레미콘트럭은 엉덩이를 펌프카에 밀착시켜 시료 채취, 온도 체크, 그리고 슬럼프 테스트를 끝낸다. 강도 테스트용 몰드도 제작해 놓는다. 펌프카는 고층 바닥에 진회색 콘크리트를 철썩철

썩하며 쭉쭉 뿜어 올린다. 붕붕대는 콘크리트 진동기 소리가 흥을 부추긴다. 일꾼들은 맡은 일을 일사불란하게 한 치 오차도 없이 수행한다.

겨울 날씨는 포근하지만 기온은 빙점氷點을 오르내린다. 한참 철썩철썩 돌아가던 펌프카가 갑자기 멈춘다. 레미콘트럭이 왠지 끊겼기 때문이다. 담당기사는 애가 타들어가고 전화통이 부서져라 독촉하며 소리를 질러댄다. 긴 기다림 끝에 레미콘이 도착하면 송장送狀의 출하시간을 확인한다. 겨울에는 늦어도 100분 이내에 콘크리트가 타설되어야 하는데 아뿔싸, 20분이나 지연됐다. 레미콘 기사도 현장기사도 감리자도 한동안 멍하니 서있다. 돌려보내라는 감리자의 지시에 레미콘 기사는 교통사고로 길이 막혔다고 통사정을 한다. 그러나 콘크리트 강도가 안 나오니 어쩔 수 없는 사안이 아닌가. 한바탕 소동이 지나고 콘크리트 잔치는 해가 기울면서 마무리된다.

건축 용어 중에 '양생養生'이란 단어가 있다. 거푸집에 부어 넣은 콘크리트가 잘 경화硬化되도록 알맞은 온도와 습윤濕潤을 유지시켜주는 것을 의미하는데, 이때 간과할 수 없는 게 충분한 양생시간이다. 그래서 겨울의 콘크리트 보양이 더욱 중요한 이유이다.

그러고 보면 푸짐한 잔치를 위해선 철두철미한 준비와 기다림의 정서가 무르익는 시간 양생이 필요하지 않은가.

정월대보름의 한라산

올해도 지난해에 이어 봄을 봄같이 느끼지 못할 것 같다. 중국 우한에서 발생한 보이지도 않는 미물의 습격으로 우리나라뿐 아니라 전 세계가 혼란스럽다. 일상이 깨지고 많은 희생자들이 매일 쏟아져 나온다. 마스크 쓰기와 사회적 거리두기를 최고의 백신으로 여기고 살아가는 날이 이어지고 있다. 집단 모임이나 다중이용시설 이용도 제한되고 있다. 우리의 일상도 모두 낯선 모습으로 변해가고 있다. 다른 나라들은 이미 시작한 백신 주사를 우리는 이제야 준비하고 있다.

맘대로 집 밖을 나다니던 날이 그립고 친구들과 등산을 하며 건강을 다지던 날이 얼마나 감사한지 새삼 느끼게 된다. 집안에만 머물기가 지쳐가는 요즈음은 눈치껏 자연을 찾아 산으로 나간다. 사람이 자연에서 왔듯이 자연에서 건강을 찾는 일이 당연한 것인지도 모르겠다.

어제는 달이 제일 크다는 정월 대보름이었다. 나는 친구님과 백제의 옛 도읍지 부여 부소산성을 찾았다. 산책하기 좋게 정돈된 길인데다 수림이 우거지고 백제의 숨결까지 느낄 수 있어서 가끔 찾아가는 곳이기도 하다.

낙화암을 끼고 산성 둘레를 천천히 걸었다. 서울의 북한산이나 대전 계룡산같이 산객들이 많지도 않다. 한적하고 고요해서 묵언수행하며 탑돌이를 하듯 걷기에 안성맞춤이다. 더구나 사람조차 무서운 코로나 정국이 아닌가.

산에서 내려와 인근의 식당으로 들어가니 온통 꽃이었다. 거리두기 수칙을 지키느라 한 칸 건너마다 꽃바구니를 놓은 것이다. 식단도 색달랐다. 정월 대보름이라며 오곡밥이 제공되었다. 오곡밥을 먹으며 수년 전, 한라산 등반 기억이 되살아났다.

그날도 정월 대보름이었다. 어느 여행사에서 이벤트 행사로 '정월 대보름 한라산 등반대회'를 개최한다는 공고를 보고 산행 친구들과 참여하게 되었다. 당일 코스의 행사로 아주 빽빽한 일정이었다. 김포공항에서 새벽 비행기로 출발하여 한라산 종주를 마친 후 저녁식사를 하고 항공편으로 김포를 거쳐 집으로 돌아오는 일정이었다. 불가능할 것 같은 일을 대중교통을 이용하여 해낼 수 있었다는 게 지나고 나서도 믿어지지 않는다. 한라산 성판악을 시작으로 진달래휴게소에서 발열도시락으로 점심을 먹고 백록담을 넘어 관음사를 지나는 8시간이나 소요되는 만만찮은 코스였다.

300명이나 되는 내로라하는 산객들의 행렬은 한라산의 웅장함만큼이나 대단했다. 한라산 하얀 눈길로 빨려드는 형형색색은 장관을 이루었다. 속도가 빠른 선두를 따르자니 벅차기도 했지만 평소 우리의 페이스를 유지하다 보니 무리 없이 따를 수 있었다. 그런데 끝없이 이어지는 너덜길이 발바닥을 고통스럽게 했다. 게다가 며칠 전 내린 폭설로 쌓인 눈이 오를수록 점점 많아졌다. 산중턱에 이르자 이정표며 가드레일이 눈 속에 묻혀 발자국만이 유일한 길라잡이였다. 백록담에 오를 때까지는 포기할까 망설이다가도 다시 종주를 다짐했다. 묵언수행 하듯 한 걸음 한 걸음 올라갔다. 드디어 1,950미터 정상에서 백록담에 담긴 눈을 바라보니 감탄사가 절로 나왔다. 수많은 까마귀들도 멀리서 날아온 진객들을 까악까악 환영하며 맞이했다. 정상의 맑은 하늘 아래서 간식을 먹었다. 금강산도 식후경이라고 에너지를 충전하고 나니 사방이 새롭게 눈에 들어왔다. 눈 속에 피어오른 상고대가 햇빛에 반사되어 날리니 무지개까지 피어올랐다.

웅장한 산세에 태곳적 전설을 떠올렸다. 사슴을 쫓던 인간이 사냥에 정신이 팔려서 한라산을 관장하는 옥황상제 구역을 침범하게 되었다. 평화롭게 나뭇잎을 뜯어먹는 사슴을 발견하고 욕심껏 날린 화살이 빗나가 옥황상제를 맞췄다. 겁이 나도망치는 사냥꾼에게 옥황상제는 한라산 봉우리를 집어던졌는데 지금의 산방산이 그때 던진 한라산 봉우리란다. 한라산 정상이 움푹 패인 연유를 생각하자니 백록담이 새롭게 보였다.

전설인 양 우매한 우리는 구상나무 군락지의 구름 사이 눈 속을 들락거리며 절경에 넋을 잃었다. 그런데 근래에 구상나무가 자꾸 고사한다고 한다. 나는 잠시, 화살을 마구 날린 욕심 많은 사냥꾼이 되어 죽어가는 구상나무를 생각했다. 안타까운 일이다.

관음사 방향으로 서둘러 내려가는데 경사가 급하여 눈길을 가는 발길은 더디기만 했다. 개중에는 아이젠이나 등산스틱을 준비하지 못한 여성 산객들이 있었다. 어느 남성분이 자기 스틱과 아이젠을 벗어주기도 했다. 이렇게 상부상조하며, 시간만 조금 지연되었을 뿐 모두 안전하게 하산했다.

오곡밥으로 저녁식사를 하고 보름달을 보며 제주공항으로 이동했던 기억이 되살아난다. 제주에서 묵언으로 바라보던 보름달, 300여 명이나 되는 사람들이 어울려 자연과 함께한 하루가 더없이 감사하여 숙연해졌다.

보름달을 보며 한라산의 구상나무 군락을 회복시켜달라고 빌었다. 구상나무의 혜택을 더는 누리지 못할 날이 올지도 모른다는 생각을 하니 모든 자연이 더욱 소중하다. 자연의 마음을 인간이 좀 더 헤아려야 한다는 생각을 하며 친구와 둘이서 부소산을 내려왔다.

지켜지지 않은 약속

"안녕하세요, 아저씨!"

"어서 오세요! 뭐 좀 하시게요?"

"오늘은 저번에 굽을 해서 할 게 없네요. 구경이나 좀 할까요?"

일찍부터 부지런하게 망치를 두드리고 구두 짝을 들었다 놓았다 한다. 연신 무언가를 주무르고 주위를 맴돌기도 한다. 예리한 칼질 솜씨가 예사롭지 않다. 이골이 났다. 손에는 까만 구두약으로 시커멓게 물들었고 손마디가 불거지고 거칠거칠하다.

그렇게 나를 반겨야 할 그분이 오늘도 보이질 않는다. 나 또한 코로나19로 그곳에서의 산행이 뜸해 오랫동안 만남도 격조했었다. 작년을 지나 이번 여름까지도 그랬다. 그 사이에 무슨 일이 있었을까. 늘 그 자리에서 터줏대감처럼 자리를 지키며 반기던 그분이 안 보인다. 요즘 회자되는 대장동 사건에도 아리송한 그분이라는 말이 등장한다. 비호감의 그분이 아닌가. 그러나 나의 '그분'은 썩은 냄새가 나는 그분과는 차원이 다른 '그분'이다.

그분이 보이질 않는다. 구두 점포가 있어야 할 자리를 땅콩 파는 트럭이 대신 차지하고 있다. 전에는 저쪽 구석에서 됫박으로 땅콩을 팔던 아저씨가 역 앞 광장으로 영전했다. 자리를 산 것인가, 영감의 터를 빌린 것인가. 자못 궁금할 뿐이다. 그 자리는 묵시적으로 임자가 정해진 곳이리라. 돈거래는 없었을 것이라는 짐작을 해본다. 전철역 앞 광장이기에 자리다툼은 없었으리라. 그분은 어떤 연유로 자리까지 내어주고 어디로 간 것일까.

언제부턴지는 모르지만 우리는 산행을 위해 늘 이곳 전철역 광장에 집결하여 버스를 타고 산 입구까지 이동했다. 광장에서 기다리는 동안 나는 좀 일찍 도착한 친구들과 주위를 배회하다가 그분을 만났다. 한 친구와는 미리 안면도 트고 구두 밑창도 붙이고 했단다. 나도 합세하여 등산화마다 차례로 뒷굽을 붙였다. 어느 날인가 동행하는 일행과 서로 통성명까지 했다. 나이를 대조하니 갑장이란다. 퇴직하고 소일거리로 이륜 손수레 점포를 차렸다고 했다. 중고 구두 거래도 쏠쏠하다고 했다. 아침 일찍 출근하고 상황에 따라 내 맘대로 퇴근한다고 했다. 얼마나 자유로운 사업인가! 건강하기도 하고 성실하기도 하여 대견해 보이기까지 했다.

그런데 어느 날부턴지 손수레 점포가 보이지 않았다. 처음엔 무심코 지났다. 전주도, 또 그 전주도 보이지 않더니 이제 몇 달째다. 손수레 흔적조차도 지워지는 듯했다. 우리는 구두나 등산화 굽이 닳아빠지면 밑창을 덧붙이려고 기다리던 것이, 이제는 그분이 염려되고 걱정되더니 혹시 잘못된 것은 아닌지 염려를 지나 불길한 생각으로 변해갔다. 갑장인 친구 분은, 참 건강해 보였다며 잘못되지는 않았을 것이라고 했다. 어디 몸이 불편한가. 우리는 그가 회복되면 나올 것이라는 막연한 희망의 끈을 놓지 않고 기다리고 있다. 또 다른 친구 분은 어디 안부를 물어볼 사람도 모르니 더 안타깝다고 했다. 이는 애초에 하지 않은 약속이었기에 '지킬 수 없는 약속'이 되고 마는 것인가. 그래도 그건 아니지 않는가. 늙었더라도 의리는 있어야 한다고 본다. 혼자서 푸념을 해본다.

손님들의 애타는 심정을 아는지 모르는지, 허망하게 의리를 저버리지는 안 할 것 같았는데 어떤 일이 생긴 걸까? 병이 났을까, 혹시 돌아가시지는 않았을까, 아니면, 할머니가 중병이 들어 간호라도 하느라 못 나오시는가. 일이 힘들어 늘그막에 여유로운 호기를 부리고 싶었던 것일까?

어떤 이의 글에 나오는 '3일의 약속'을 생각해 보았다. 황해도 개성에 살던 모자가 있었다. 어머니라면 자식을 애지중지

하는 것은 인지상정이 아니던가. 그런데 아들이 서울로 3일간의 출장을 가게 되었다. 아들은 3일 후에 꼭 돌아오겠다고 약속하고 집을 나섰다. 어머니는 멀어져 가는 아들을 하염없이 동구 밖에서 손을 흔들며 바라보고 서 있었다. 3일 후에 돌아온다는 약속이 지켜지지 못할 거라는 예감을 하고 있었던 것일까. 일을 마친 아들은 집으로 돌아가려는데 갑자기 그어진 휴전선으로 왕래가 막혀버려 돌아갈 수 없게 되고 말았다. 지키지 못한 '3일의 약속'이 되고 말았다. 아들을 기다리던 어미의 심정을 우리가 어찌 상상이나 할 수 있으랴. 북으로 돌아가지 못한 아들의 심정은 또 어떠했을지!

우리가 간절히 기다리는 구두수선 아저씨와의 짝사랑 같은 '지켜지지 않은 약속'은 '3일의 약속'처럼 되지 않았으면 좋겠다. 키 작은 아저씨가 '짜잔' 하고 건강한 모습으로 속히 나타나기를 기대해 본다. 착한 그분과의 인연을 생각하며 친구들과 역전 광장을 나섰다.

4부

창문

흔적

절박했던 순간에

용고새

보이지 않는 절

운명애運命愛

내 마음의 시간

나 떠나는 날에는 · 1

창문

눈이 내린다. 창문을 통해 나푼대는 흰 눈을 바라본다. 커피잔을 들고 서성이다가 내다본 새하얀 바깥세상! 찻잔에서 피어오르는 아련한 커피 향에 사념이 오롯이 고개를 든다. 우리는 창문을 통해 세상을 보고 마음의 숨을 쉰다. 창문이 없으면 사람은 눈이 멀고 질식할지도 모른다. 반면 벽은 나누거나 단절시키는 역할을 한다. 때문에 문명은 차단된 그 벽을 뚫어 두 공간을 효율적으로 이용할 수 있도록 지혜를 모아 창문을 마련했다.

한 채의 건물이 서려면 수많은 과정을 거친다. 이를 건설에서 쓰는 용어로 공정工程이라 하는데, 터파기 공사부터 골조공사, 창호공사, 전기공사, 설비공사 그리고 마감공사 등이 있다. 어느 하나 쉬운 과정은 없다. 그중에 창호공사는 특히 어렵다.

창호는 문과 창문으로 대별된다. 문은 외관보다는 출입을 편하게 하는 게 우선이다. 그에 비해서 창문은 어느 위치에서 제 기능을 다할지, 어떤 모양으로 설치되어야 외부와 소통이 원활할지, 그리고 외관상 미적 수준도 세심하게 고려해야 한다.

시공과정에서도 여러 난관을 넘어야 한다. 골조 공사 후에 시공하는 창호는 설계도와 딱 맞추기가 쉽지 않다. 공정 간 코디네이션이 중요하다. 딱 맞는 창문의 위치와 크기를 찾아야 하기 때문이다. 높은 곳에 창문을 낼 때는 위험도가 극에 달한다. 안전을 최우선으로 진행하지만, 내가 소장으로 일하던 현장에서 실제로 추락사고가 있기도 했었다. 수많은 공정을 거친 아름다운 창을 볼 때면 사람과 사람 사이의 가깝고 두터운 정분을 떠올린다. 사람 사이에도 벽이 있으면 안 되고 없어도 곤란하다. 너무 가까워지면 사생활이 침해되고, 너무 멀면 소원해진다. 적당한 거리에 마음의 창을 마련했을 때 좋은 관계가 오래도록 유지된다. 건축에서도 적당한 거리를 유지해주는 것이 창문이다. 창문에 대해 골똘하다가 요나스 요나슨의 장편 소설 《창문 넘어 도망친 100세 노인》이 생각나서 다시 꺼내 읽었다. 주인공은 100번째 생일에 양로원 창문을 넘어 도망쳤다. 그는 창문을 탈출구로 인식했던 모양이다. 주인공 알란 칼손이 탈출에는 성공했지만 갈 곳이 막연했다. 대책 없이 무작정 창문을 넘어 도망쳤기 때문이리라. 그는 자의 반 타의 반으로 도둑질과 살인까지 저지르고 만다. 이처럼 가끔은 그릇된 욕망이 창문을 들락거리기도 한다. 대학 시절, 나의 하숙방을 털어간 도선생도 창문으로 들어왔다. 외출했다가 밤늦게 돌아와 방문을 열고 불을 켜려는 순간 사위스러운 냉기가 온몸을 휘감았다. 섬뜩했다. 그때 열린 창문으로 사라진 번개보다 빠른 괴물체, 어두운 방 앞에서 넋이 나간 듯 한동안 우두커니 서 있었다. 한참 지난 후에야 안채의 주인 방을 향해 소리쳤다. "도둑이야, 도둑!" 그리고는 불을 켜고 창문을 걸어 잠갔다. 사위스러운 욕망을 차단하고서야 무섬증이 엄습하기 시작했다. 식은땀이 등줄기를 타고 흘러내렸다.

당시에는 생계형 좀도둑들이 기승을 부리던 시절이었다. 그 일이 있은 후 문단속과 창문 단속이 몸에 배어버렸다. 결국 그곳에서 더 지내지 못하고 다른 곳으로 이사를 했다. 결혼해서도 아파트가 흔치 않던 때인지라 단독주택에서 살았다. 부모님과 함께 살다 나와서 우리 부부끼리만 살림하게 되니, 내가 출근을 하고 나면 아내는 허전하고 무섭다고 했다. 나는 겉으로는 걱정을 누른 채 태연자약했지만, 창문을 걸어 잠그라 하고 가능하면 일찍 퇴근했다. 요즘 말로 '칼퇴근'을 한 셈이다.

1년 후 잠실 주공아파트를 사서 이사를 했다. 지금 생각해보면 참으로 비좁고 보잘것없는 집이었지만, 서울에서 내 집을 처음으로 갖게 되니 황실 궁궐이 부럽지 않았다. 특히 창문이 좋았다. 4층에서 창문을 통해 내다본 시가지는 참으로 경이로웠다. 잠실학생체육관이 한눈에 들어오고, 뒷베란다 너머에선 유유히 흐르는 한강 물줄기가 꿈을 싣고 넘실댔다. 시골집 창밖의 풍경은 온통 들판과 산뿐이었는데, 아파트 창문에서 내려다본 도시의 풍경은 콘크리트 숲과 자동차의 대열이 꼬리를 물었다. 단지 내에는 일정 비율의 녹지 공간이 확보되어 있기에 시원한 바람이 창문으로 들어오기도 했다. 5월의 싱그러움이 창문을 노크하면, 나는 돌 지난 아들을 데리고 산책하러 나갔다. 꼬마는 아장아장 뒤뚱뒤뚱 잔디밭을 마냥 걸어 다니며 티 없이 웃고 다녔었다.

창문을 살며시 열어 본다. 세상과 소통할 수 있는 창문! 인류는 그 창을 통해 미래를 내다보며 부단히 발전해 왔다. 사람의 창이 눈이고, 건물의 눈이 창문이 아닌가 한다.

흔적

우리 아파트 앞에 또 다른 아파트 신축공사가 한창이다. 탁 트인 시야에 어느 날부터 철제 울타리가 둘러쳐지더니 공사 간판과 투시도가 세워지고, 바로 앞에 공사장 출입문까지 세워졌다. 베란다에 다가서면 공사 진행 과정이 훤히 내려다보인다. 한평생을 건축 현장에서 보낸 내가 아니던가.

공사현장의 울타리를 따라 새로 난 길을 지날 때가 종종 있다. 시내 서점에 갈 때, 혹은 전철을 타러 갈 때 응당 그 길로 다닌다. 그 길에는 조그만 트럭이 가끔 와서 무언가를 팔기도 한다. 새우튀김, 도자기, 다육식물 등 다양하다. 그렇지만, 무엇을 팔든 호객하는 마이크 방송은 하지 않고 조용히 물건을 팔고는 흔적도 없이 떠나간다.

공사현장 울타리를 지나다닐 때면 현직에서 일할 때의 수많은 현장이 떠오른다. 지방에서 모 증권사 사옥을 지을 때였다. 공사장 울타리를 치고, 터파기 공사를 하려다 보니 주변에 여러 가지 채소가 자라고 있었다. 경작자를 알 수 없어 팻말을 세웠다. 불법 경작물을 자진 철거하라는 내용이었다. 얼마 뒤에 할머니 한 분이 찾아와 채소 값을 보상해 달라고 사정을 했다.

당시 공사현장은 그 지방의 중심지로 시청, 교육청, 경찰서 등이 이웃해 있었다. 나는 소장으로 명을 받고는 모범현장으로 운영하겠다고 다짐을 하며 내려갔던 참이었다. 지방에서는 서울의 대형 건설사를 곱지 않은 시선으로 대했다. 그래서 그들의 인식을 바꿔 볼 요량으로 몇 가지 사안을 구상했다.

착공식에는 시장을 비롯한 지방 관계자들을 초청하였다. 본사 고위 인사도 참석토록 요청하여 성대하게 착공식을 마무리했다. 이후 현장 입구와 울타리 일부 구간에 화분을 배치했다. 그리고 매일 아침 직원들과 일꾼들이 작업을 시작하면 나는 큰 쓰레기통과 집게를 들고 현장 외곽을 돌며 쓰레기와 담배꽁초를 주웠다. 시장도 현장 앞을 지나가고 경찰서장도 그 광경을 보았을 것이다. 차츰 소문이 났다. 정말 깨끗하게 공사를 잘한다고 소문이 났다.

실제 현장 내부도 직원들과 업체들이 혼연일체가 되어 청결을 최우선으로 했다. 처음에는 불평불만이 가득하던 직원들과 업체들도 결국은 이해하고 조화를 이루어 나갔다.

지난 경험을 살펴보면 공사현장에서의 청결이 무엇보다 중요했다. 안전도, 공기도, 품질도 그리고 현장의 쾌적함도 모두 시발점은 청결에서 온다는 것을 여러 경험을 통해 터득한 아이템이었다. 내가 한창 일하던 1970, 80년대 우리나라의 건설 능력은 후진한 상태였다. 그래서 회사는 건설의 선진화를 위해 부단히 노력했고, 일본의 선진 기술을 따라잡기에 안간힘을 기울이던 때였다. 우리 회사는 일본의 마에다 건설과 협조하여 직원들을 교환근무도 시켰다. 회사 직원들은 대부분 1주일 정도씩 일본 건설 현장에 견학도 다녀왔다. 그때 나도 파견되어 건설 현장에서 정리정돈과 청결함이 공사의 기초이면서 가장 중요하다는 것을 배웠다. 이후로 건축 기술과 공정보다 청결이 우선이라는 심증을 굳힌 계기가 되었다.

하지만 공사현장에서의 내 신념을 지키기는 그리 쉽지는 않았다. 거친 일꾼들을 설득하기가 어려웠다. 그래서 나부터 솔선하기로 작정한 것이다. 처음에는 현장 인부들의 반발이 컸지만, 소장이 솔선수범하는데 어쩔 것인가. 결국 그들 자신에도 이익이 됨을 알게 되었다. 그 후로는 일이 순조롭게 진행될 수 있었다.

공사가 한창 진행 중에 한 할머니가 다가와서 담배꽁초를 줍는 걸 물끄러미 보다가 말을 걸어왔다.

"소장님! 이쪽 구간 쓰레기는 제가 줍겠습니다." 한다. 그녀는 손자와 살고 있는데, 마땅한 생계수단이 없어 이곳 현장 울타리 한쪽에서 채소를 팔고 싶으니 허락해 달라고 했다. 자초지종을 듣다 보니 현장터에 채소를 심었던 할머니였다. 불의의 사고라도 날까 염려되어 망설이다가 사정이 딱하여 관리과장을 만나보라고 했다. 관리과장 역시 나처럼 측은지심으로 할머니를 대했나 보다. 결국 할머니는 길가에 좌판을 차렸다.

할머니는 인부들과 같은 시각에 출근하였다. 신선한 채소를 머리에 이고 와서는 맡은 구역 청소부터 하고 채소를 팔았다. 몇 시간도 안 되어 다 팔고 나면 다시 바닥을 말끔히 정리하고 떠났다. 할머니를 보면서 재삼 느낀 게 있다면 역시 흔적을 남기지 말자였다. 준공할 때까지 공사장 주변은 깨끗이 유지됐다. 그리고 공사의 흔적들을 모두 지우고 깨끗한 건물을 그 지역에 랜드마크로 선물하고 올 수 있었다. 공사기간 동안 함께한 직원들과 업체들은 힘들고 고된 시간이었을 수도 있었을 게다. 하지만 본사로부터 우수현장으로 수상을 하고나니 다 함께 기뻐했다.

너저분한 우리 집 앞 공사현장도 흔적 없이 깨끗하게 마무리되길 바란다. 어디 공사현장 뿐이랴. 내가 사는 이 땅 아니, 잠시 빌려 쓰고 있는 이 지구를 떠나는 그때까지는 살아온 흔적 하나 남기지 말고 깨끗하게 돌려주고 떠나리라.

절박했던 순간에

차창에 빗방울들이 사선을 긋는다. 장마철의 빗줄기가 세차다. 빗속을 달리는 열차는 구미를 지나 왜관을 향하고 있다. 치열했던 낙동강 전투가 벌어졌던 곳이다. 나 아직 어리던 그날, 하늘에서 총알이 저 비처럼 쏟아져 내렸겠지. 성인이 되어서도 이쪽 지역은 나에게 또 하나의 전쟁터였다.

건설회사 직원이던 나는 현장책임자로 이곳에서 일한 적이 있었다. 그날도 오늘처럼 비가 주룩주룩 내렸었다. 며칠째 내리는 비는 그칠 기미조차 보이지 않았다. 하늘은 온통 먹구름으로 뒤덮였다. 간간이 섬광만 번쩍이며 빗줄기 사이로 사선을 그어댔다. 하늘에 구멍이라도 난 것인가. 비가 멎기만을 고대하며 기다렸다.

지하 터파기 공사가 끝나갈 무렵 장마철로 접어들었다. 예년에는 장마라고 해도 그렇게 많은 비가 내리지 않았는데. 그 해에는 게릴라성 폭우까지 더해서 그칠 줄을 모르고 내렸다. 윤흥길의 중편소설 〈장마〉에서 내리던 비가 이런 거였을까. 지긋지긋하다 못해 무서울 지경이었다. 직원들과 인부들은 힘을 합쳐 피해 방지에 사력을 다했다.

공사현장 전면은 십차선 대로였고, 지대가 높은 뒤편에는 보험회사 빌딩과 주차장으로 이어진 구조였다. 좌측 빗면에는 경찰서 정문이 있었고, 우측에는 교육청 담벼락이 인접해 있었다. 교육청 바로 옆에는 시청사가 자리하고 있었다. 그런 상황에 지하 20여 미터에서는 기계실 바닥콘크리트를 타설하고 있었다. 한 달 전부터 장마에 대비한다고 했건만 막상 닥치고 보니 큰비에 그동안의 계획은 무계획이 되고 말았다. 콘크리트가 빗물에 쓸려 내려가지 않도록 비닐로 단단히 덮었다. 빗물에 쓸리지만 않는다면 콘크리트 양생에는 물이 최적이 아니던가. 그런데 굳기 전에 빗물에 노출되면 콘크리트는 한없이 나약한 존재가 되고 만다. 모두 쓸려 내려가 버리면 끝이다.

한데, 무심한 비는 그칠 기미는 보이지 않고 점점 세차게 내리는 게 아닌가. 빗물은 어느새 양수기가 감당할 수 있는 용량을 초과해 버렸다. 양수기 몇 대를 긴급하게 추가로 설치했다. 배수로는 더 깊게 파서 물 흐름을 원활하도록 도왔다. 소장은 직원들을 믿으면 좋으련만, 불안한 마음으로 난간을 부여잡고 현장에서 눈을 떼지 못하고 있었다. 작업반장이 인부들과 할 일에 직원들까지 총출동하여 콘크리트 지키기에 안간힘을 쏟았다.

시간이 지나도 비는 그칠 줄 모르고 더 세차게 내렸다. 지하는 이미 물바다가 되어버렸고, 새로 투입한 양수기로도 감당할 수 있는 한계치를 넘어섰다. 콘크리트를 지키는 일은 이제 포기해야 할 상황이었다. 직원들은 발목을 넘어 무릎까지 차오르는 물과 사투를 벌이고 있었다. 자정이 넘어 비는 조금 잦아드는 듯했지만, 물이 가득 찬 지하의 배수 작업은 멈출 수가 없었다. 다음날도 폭우는 그치지 않았다. 현장 주위의 모든 빗물은 지대가 낮은 공사장 지하로 향했다. 높게 쳐놓은 배수로를 넘어 성난 폭군처럼 밀고 내려왔다.

물의 속성상 땅속으로 침투하는 양도 대단할 테니 흙막이가 언제까지 버텨줄 지도 의문이었다. 이제는 약해져 가는 흙막이를 걱정해야 하는 상황이 되었다. 제일 취약한 구간은 보험사 쪽이었다. 지질 변동이 생겨 흙막이가 밀리지 않을까 노심초사했다. 주차장 울타리를 따라 바닥에 도랑을 만들고 바닥 전체를 두꺼운 비닐로 덮었다. 교육청 쪽 경사면과 화단에 흐르는 물도 결국은 현장 지하로 흘러드는 구조였다. 그래서 그곳 역시 현장의 흙막이 벽에 면한 부분에서부터 비닐로 완전히 밀봉해버렸다. 빗물이 유입될 만한 곳은 모두 틀어막아 보려고 했다. 내리는 빗물은 양수기가 계속 퍼 올려도 줄어들 기미가 없다. 인간과 자연의 한판 대결이었다. 그러나 그칠 줄 모르는 비를 막기에는 태부족이었다. 흙막이는 어스앵커(earth anchor) 공법[1] + 트러스(truss)공법[2]으로 시공되어 있었다.

만일 물이 스며들어 어스앵커가 빠져나오거나 앵커의 철심이 밀리는 토압에 견디지 못하고 터진다면 결과는 뻔했다. 또 더 많은 물이 흙막이 벽 뒷면으로 차오르면 히빙(heaving)[3]현상이 올 수도 있었다. 이런 사태까지 온다면 현장은 모두가 흙 속에 파묻히고 말 것이다.

사고로 이어진다면 인명피해는 물론 공사 지연에 따른 회사의 손실은 막대하리라는 생각에 이르니 오금이 저리며 밤이 되어도 잠시 눈조차 붙일 수가 없었다. 비가 그치기만을 학수고대했다. 그렇다고 하늘만 바라보고 있을 수는 없는 노릇이었다. 할 수 있는 방법은 총동원했다.

가까스로 비가 그쳤다. 고생의 대가일까. 큰 사고는 면했다. 그러나 비가 그쳤다고 끝난 것은 아니었다. 약해진 지반으로 인해 흙막이 벽에 미세한 변형이 있음을 감지했다. 본사의 구조 안전팀에 구조검토와 안전진단을 요청했다. 진단결과 물을

---

1) 어스앵커(earth anchor)공법: 지하 터파기 공사 시 지하 흙막이벽에 어스드릴(earth drill)로 구멍을 뚫어 PC강선을 집어넣은 다음 모르타르로 그라우팅하여 채우고 뒷면에 앵커를 만들어 흙막이벽을 잡아매는 공법

2) 트러스(truss)공법: 옹벽과 옹벽 사이를 철골 부재로 지지하여 버텨주게 하는 공법.

3) 히빙(heaving)현상: 연약 점토지반에서 굴착 작업 시 흙막이 벽 바깥쪽의 흙이 안쪽으로 밀려들어와 굴착 바닥면이 불룩하게 솟아오르는 현상. 지반이 연약한 점성토에서 자주 발생한다.

흄빽 머금은 지반이 많이 약해졌고, 주위의 바닥 갈라짐이 진행 중이라고 했다. 비가 더 내렸다면 한계치를 넘어 흙막이가 전도되었을 것이라고 했다. 다시 한번 아찔했다. 지하층 공사가 끝나기 전까지 안전을 유지하려면 흙막이 보강공사가 필요하다는 진단이 내려졌다. 모든 공사를 중단하고 트러스 구조 보강공사를 실시하였다. 두 달여의 보강공사는 일사천리로 진행되었다. 본사의 확인점검 결과 구조검토대로 시공되었다는 판단을 받고 본 공사를 재개할 수 있었다.

위기를 잘 대처한 결과 우수현장으로 선정되기도 했다. 위기 앞에서 조금이라도 방심했었다면 어떤 일이 벌어졌을까. 돌이켜 보면 그때의 상황은 총탄이 날아오고 육박전이 벌어지는 또 하나의 낙동강 전투였다. 순간의 판단이 빗나가거나 늦었다면 수많은 인명피해와 막대한 손실을 입었을 것이다. 게다가 회사의 명예와 현장 책임자의 신용까지 잃을 수도 있는 상황이었다.

SRT는 빗속을 쏜살같이 내달린다. 폭우의 물구덩이에서 '숨이 막혀 허덕이다가' 쪽잠에서 번쩍 깼다. 그러고 보니 살아온 나의 매순간이 결단의 연속이었다. 어느 누구의 인생인들 다를 텐가. 살다보면 어떤 형태로든 하루에도 수많은 결정을 해야 하는 상황을 맞이한다.

정재승 KAIST 바이오 및 뇌공학과 교수는 "의사결정이 100% 완벽한 것은 없다. 적절한 의사결정을 하는 것만큼이나,

그것을 적절한 시기에 하는 것도 중요하다."라고 했다. 나 역시 현장에서 수많은 위기의 순간을 맞이하며 현명하고 빠른 판단이 일의 성패를 좌우한다는 큰 교훈을 되새기게 되었다.

이제는 본업에서 물러난 지 오래다. 그때의 절박했던 순간들이 다시 온다면 그때처럼 적절한 판단으로 위기를 극복할 수 있을지는 의문이다. 지난날의 내게 박수를 보낸다.

용고새

춘래불사춘春來不似春! 시간이 멈춘 듯 만사가 제자리다. 코로나19가 일상을 집안에 가두어 놓았으니 봄이 와도 봄 같지 않다. 꽃이 피고 져도 볼 수 없는 캄캄한 암흑의 터널 안에 갇힌 봄이다.

봄날 아침 아파트로 연결된 길을 따라 뒷산에 혼자서 오른다. 이름이 큰매산이라고 휴게소 정자 옆에 안내판이 세워져 있다. 야트막한 능선 따라 걸을 수 있는 산이다. 천호지 서쪽에 남북으로 길게 이어지는 산이다.

걷다보니 시인 이상화의 시 〈빼앗긴 들에도 봄은 오는가〉가 문득 떠오른다.

지금은 남의 땅 – 빼앗긴 들에도 봄은 오는가

나는 온몸에 햇살을 받고
푸른 하늘 푸른들이 맞붙은 곳으로
가르마 같은 논길을 따라 꿈속을 가듯 걸어만 간다.
- 중략 -
그러나 지금은 들을 빼앗겨 봄조차 빼앗기겠네.

눈에 보이지도 않는 미물 코로나19가 세상을 점령한 지 1년이 더 지났다. 다시 동토의 땅에 봄이 저만치 오고 있는 듯도 하다. 그런데 봄은 이번에도 살금살금 왔다 몰래 슬쩍 지나갈지도 모르겠다. 미물은 아직 물러갈 생각이 없는 듯 위세를 떨치고 있기 때문이다. 외국에선 작년부터 백신 접종을 시작했는데 우리나라는 언제쯤 백신을 맞을 수 있을지? 전대미문의 유행병은 이렇게 사람을 가두고 나라조차 고립시키는 것일까? 의문에 의문을 품으며 산에 오른다.

산길을 걷는 사람들은 말이 없이 가능한 멀리 거리 두기를 하며 지나간다. 못 볼 것을 본 듯 눌러쓴 모자와 마스크로 입과 코를 틀어막은 채 눈만 번득인다. 의심을 가득 채운 듯한 표정으로 말없이 비켜간다.

나는 어디선가 들려오는 새의 노래 소리를 듣는다. 넋을 빼앗긴 채 걷다 보니 산길에 즐비하게 핀 진달래가 눈에 들어왔다. 그런데 진달래꽃은 이미 청춘을 지나 잎들에게 자리를 내어주는 중이었다. 아니, 봄의 끝자락에서 서성이고 있다. 이렇게 봄도 지나가고 있는데, 마음속에서는 왜 겨울이 머물고 있나. 지난해 1월부터 갇혀 있던 게 그대로 철이 순배를 해도 겨울인 셈이다. 춘래불사춘이라!

큰매산은 길게 능선 따라 등산로가 나있다. 이 산등성이는 하늘에서 드론으로 내려다본다면 긴 담장 지붕 같다는 생각이 들었다.

요즘의 담장은 대부분 가시철망이나 높은 철재가 숨막히게 가로막고 있어 답답하다. 어릴 적 시골의 풍경은 울타리나 담장이었다. 흙담벼락 위에는 이엉을 두르고 용고새를 덮었다. 그 위로는 아래윗집 다순 정이 오고가던 정겨운 모습이 주마등처럼 스친다.

갈걷이가 끝나고 들녘이 허허해지면 늦은 가을날 지붕개초 작업을 했다. 바심으로 먼지가 북새통을 이루던 마당에서 이웃들이 옹기종기 모여앉아 이엉 엮기에 분주해진다, 볏짚으로 엮는 이엉은 학의 날개를 펼친 꼴이라서 '나래'라고도 부른다. 벼농사의 부산물로 효용성이 다양하다. 해서, 이를 곱게 엮어 지붕 위에 펴서 덮으면 추위도 더위도 없이 살기에 안성맞춤이었다.

길게 엮은 이엉을 둘둘 말아 마당가에 쌓아놓곤 용고새를 틀었다. 용마루에 올리는 용고새를 트는 마름은 여간 솜씨가 아니고는 좀처럼 틀어 내기가 쉽지 않다. 용마루에 떨어지는 빗물이 스며들지 않게 촘촘하고 경사지게 엮어야 하기 때문이다. 그래서 용고새는 '엮다'라고 하지 않고 '틀다'라고 선대들은 즐겨 썼다.

용의 긴 형상과 용의 비늘을 닮아서 용고새라고 했나 보다. 용고새는 충청도에서 쓰는 방언이다. 그래서 용마루라는 명칭보다 훨씬 정이 간다.

며칠을 준비하고 나면 대대적인 지붕 덮기 작업을 벌인다. 이웃집 사람들과 품앗이로 이루어지는 큰 가을 행사이다. 초가지붕은 이엉으로 추녀부터 경사를 따라 올라가며 덮고, 맨 꼭대기에서 양쪽이 만나게 된다. 그곳을 빗물이 스며들지 못하도록 정성스럽게 튼 용고새로 뚜껑을 길게 덮는다.

일 년 농사에 대한 제祭의 행사인 갈걷이 감사의 떡 돌리기와 김장하기가 아녀자들의 월동준비라면 용고새를 덮어 지붕을 마감하는 일은 남정네들의 겨울채비의 완성인 셈이다.

산길을 걸으며 어릴 적 초가지붕 기억이 찡하게 스치고 지나간다. 해방과 6 · 25동란의 혼란 속에서도 봄은 왔다. 이제 곧 이 용고새 길에도 새봄이 다시 오겠지! 길게 늘어진 담벼락 용고새 길 위를 걸어본다. 온몸으로 햇살을 한껏 느끼며 맑은 하늘과 푸른 들이 맞붙은 곳을 찾아서 영원히 코로나19가 없는 세상으로 나가는 날이 빨리 오기를 고대해 본다.

보이지 않는 절

아침 일찍 집을 나서 내포지역으로 향했다. 꽃바람이 싱그럽게 차창을 스치고 지나간다. 여행 중에 사찰 건축이나 폐사지를 둘러보는 재미는 언제나 나를 즐겁게 한다. 그런 희망을 안고 오늘도 발걸음을 내딛는다.

건축은 공간이다. 건축의 본질은 공간에 있다. 하지만 눈에 보이지 않는 공간은 설명이 쉽지 않다. 사람이 어떤 건축물을 보고 감동을 받는다면 그 건축의 공간이 특별하기 때문이리라. 그러나 사람들은 그 감동을 건축의 모양이나 크기 혹은 색채나 문양 등을 통해서 설명하고 감동한다. 그런 면도 있다. 건축가들 사이에서도 대부분 공간보다는 보이는 외관을 중시하는 것 같아 아쉬움이 많다. 이는 건축을 공간이 아니라 큰 조각이나 구조물 정도로 여기는 시각적인 오브제로 인식하니 본질과는 거리가 멀다.

이러한 공간을 느끼는 능력은 예술적으로나 공학적 지식처럼 습득할 수 있는 것은 아닌 듯하다. 달리 타고난 재능이 있을 것 같다는 생각이 든다. 평면만으로 공간을 이해하는 사람과 삼차원의 공간구조로 인식해야 읽어내는 사람도 있다. 그렇잖으면 공간을 인식하고 그려내는 데는 한계에 부딪칠 수밖에 없다. 평면으로 그리는 설계도와 실제로 펼쳐지는 공간과는 거리가 멀다.

공간지각능력이 있으면 폐허지는 아주 흥분을 주는 여행지가 될 게다. 공간 탐험으로 떠나는 그런 여행은 그 지역에 대한 역사적 지식과 건축적 이해를 바탕으로 떠나는 여행이다. 폐허의 현장에 널려있는 유적의 파편들을 통하여 폐허지의 풍경뿐 아니라 상상의 나래를 펴며 원래의 모습을 복원해 보는 것이다.

서양의 고대 도시와 건축은 주로 석재로 만들어진 까닭에 수천 년이 지난 폐허라도 많은 잔해들이 남아있다. 오래전 그리스 등을 여행할 때도 많은 유적의 잔해가 널려 있기도 하고 복원 공사를 하는 곳도 자주 눈에 띄었다. 건축에 몸을 담았던 사람들이라면 원래의 공간구조와 삶의 모습까지도 비교적 쉽게 알아차리리라. 설명을 조금만 들으면 비전문가도 비교적 쉽게 이해할 수도 있다. 파르테논 신전이 있는 아크로폴리스나 로마의 포로 로마노 또는 이집트의 수많은 신전은 수천 년 전에 이미 폐허가 된 장소이지만, 오늘날에도 많은 이들을 불러 모으며 그 역사적 실체를 확인시키고 있다.

지구촌 곳곳에서 몰려든 관광객들은 인산인해를 이루고 있었다. 하지만 나에게는 아무런 감동이 되지 못했다. 부서진 신전과 각종 돌 조각들을 근거로 만든 복원은 옛 모습의 박제일 뿐이라는 생각이 들었다. 그 이상의 상상이 되지 않았다. 실체적 삶이 없는 관광만 남아있었다.

돌아오는 기내에서 우리 땅의 폐허지 한 곳이 생각났다. 보령에 위치한 '성주사지聖住寺址'였다. 아주 아름다운 폐허지의 한 곳으로 나를 홀딱 반하게 한 곳이 아니던가!

백제 때 창건하여 통일신라에 이르러서 이름을 떨쳤다고 한다. 오늘날까지도 오층석탑 하나와 작은 삼층석탑 세 개, 석등과 석불 등의 유적이 남아 있어 이곳이 폐사지임을 알린다. 물론 건축물들은 사라졌다. 그럼에도 유장한 산의 능선에 둘러싸인 폐사의 풍경은 아름다웠는데, 단지 자연의 풍광이나 남은 잔해가 주는 눈으로 느끼는 미학이 아니었다.

빈 공간 위에 원형의 환상과 폐허의 실체가 교차하며 건축의 본질을 깨달았다. 추측건대 천왕문과 석등, 법당 그리고 금당 등이 주축을 이루고 그 좌우에 여러 승방들과 각종 전각이 있었고, 공양간이나 고사 같은 부속채와 부도비들로 주변을 이루었을 게다. 문헌에 의하면 천여 칸의 건물군이 있었으며 문도만도 2천 명이 넘었다고 한다. 수도승들이 공양할 때면 쌀뜨

물이 성주천을 따라 십 리를 흘렀다고 하는 대사찰이었다. 구석구석 불교 수행의 치열함이 만연했을 게다.

그러나 부족한 내 공간지각능력은 여기에서 드디어 한계를 맞고 말았다. 한 번에 완성된 게 아니고 여러 차례의 중창과 불사를 거쳤을 이 사찰 공간의 조화를 남아있는 불과 몇 조각의 파편으로는 알 수 없었다. 황망하여 한참을 진정한 후에야 마음의 평정을 찾았다. 생명을 다한 역사가 땅으로 스며든 현실의 폐허를 보았다.

자부하던 그 공간 지각 능력은 부질없는 집착에 지나지 않았음을 비로소 깨닫게 되었다. 보이는 것은 침묵이었다. 아마도 이게 이 절을 세운 목적인가 싶다. 이 폐허는 쓸모없게 된 사찰이 아니었다. 여전히 우리 삶의 부질없음을 가르치는 '보이지 않는 절'이었던 것이다. 그게 참 불교의 가르침이 아닐까?

우리의 옛 건축은 주재료가 나무요, 흙이었던 까닭에 스러져가면 거의 완벽하게 사라지고 만다. 많은 석재 파편이 지저분하게 남아 아직도 그 존재의 미망에서 깨어나지 못하는 서양의 폐허가 아니라, 건축의 숙명을 순수하게 받아들여 맑은 수묵화처럼 존재를 비움으로 완결하는 폐허이다. 그게 바로 건축이다. 우리의 삶이 다하고 난 뒤의 맑은 순수함같이 그 자체가 진실이다.

운명애運命愛

아모르파티! KBS 〈열린 음악회〉에서 탱고풍의 가수 김연자 노래가 흘러나왔다. 대중가요에 이런 깊은 뜻의 철학적 의미를 담을 수 있을까? 처음 들었을 때는 '아모르 파티party'인가 했다. 신나는 파티 즉 향연 같은 것인가. 다시 자세히 들어보니 '아모르 빠띠'이다.

> 산다는 게 다 그런 거지/ 누구나 빈손으로 와/ 소설 같은 한 편의 얘기들을/ 세상에 뿌리며 살지/ 자신에게 실망하지 마/ 모든 걸 잘할 순 없어/ 오늘보다 더 나은 내일이면 돼/ 인생은 지금이야/ 아모르파티/ 아모르파티…

나는 아모르파티Amor Fati란 말을 좋아한다. 이 단어는 그리스 희랍어에서 온 말이다. 아모르는 에로스Eros를 의미하고, 파티Fati는 운명을 뜻한다. 종합해 보면 아모르파티는 운명애運命愛라 해석할 수 있다. '운명을 사랑하는 것' 프리드리히 니체의 운명관을 나타내는 용어이다.

아모르파티는 자신의 삶에서 일어나는 고난과 어려움까지도 받아들이는 적극적인 삶의 방식을 표출한다. 즉 부정적인 것을 긍정적인 것으로 가치 전환하며 자신의 삶을 긍정하는 것이다. 이는 니체 철학 전반과 연관을 갖고 있는 개념으로 디오니소스적 긍정의 최고 형식이다.

니체 철학의 핵심인 영원회귀사상의 관점에서 보면 삶은 동일한 것의 무한한 반복을 이루는데, 이를 통해 허무주의에 빠지는 것이 아니라 오히려 삶을 긍정해야 한다는 점이다. 특정한 시간이나 사건에 대한 만족이나 긍정을 의미하는 것만이 아니라 삶 전체와 세상에 대한 긍정을 통해 허무를 극복하는 것을 의미한다. 또한 아모르파티는 니체의 《즐거운 학문》, 《차라투스트라는 이렇게 말했다》 등에서도 언급되었으며, 니체는 인간이 자신의 운명을 알고 그것을 받아들인다는 점에서 위대한 것이라고 보았다.

니체의 기본 인생관에서 빠지지 않는 단어가 아모르파티인 이유는 그가 오랜 동안 정신병에 시달렸기 때문이다. 그리고 사랑에 실패한 전력도 작용했을 것이다. 고통을 피하려 하지 않고 삶에 주어진 고통을 묵묵히 받아들이는 긍정적인 태도였다.

그런 니체의 철학은 어디서 온 것일까? 서양 철학의 기본 뿌리는 우리의 '금오신화', '단군신화'가 있는 것처럼 서양 정신을 세우는 '그리스로마신화'였다.

이 그리스로마신화는 '오디세이'와 '일리아스'로 나눌 수 있다. 저자는 호메로스로 알려져 있다. 오디세이아와 일리아스의 이야기는 잘 알려진 반면 저자 호메로스에 대해서는 잘 알려진 게 없다. 전설이다. 실존 인물이다, 혹은 다양한 작가들이 사상이 합쳐진 가상 인물이란 말이 설왕설래한다.

호메로스가 가장 먼저 아모르파티란 말을 썼다. 그의 작품 '운명을 사랑하라'는 소설 《오디세이아》에 나와 있다. 영웅 오디세우스가 트로이 전쟁을 끝내고 집으로 돌아가는 여정을 담은 소설이다. 이타카 왕 오디세우스의 삶 자체가 아모르파티인 것이다. 그는 트로이 전쟁을 승리로 이끈 전쟁 영웅이었지만 다시 고향 집으로 돌아가기까지는 10년이나 걸렸다.

괴물도 만나고 스타벅스 로고 주인공 사이렌(인어 모양)을 마주치기도 했다. 이때도 그는 도망치지 않고 자신을 기둥에 묶어놓고 노랫소리를 들은 일이 무척 유명하다. 이렇게 고생을 하며 고향으로 돌아오니, 웬걸 아내는 수많은 구혼자들로 둘러싸여 만나기도 어려웠다. 그럼에도 그는 구혼자들을 물리치고 겨우 아내를 되찾았다. 그렇지만 힘든 삶에 대한 분노와 거부는 찾아볼 수 없었다. 다시 아내를 찾았을 때 그는 이런 말을 남겼다.

"우리의 삶은 늘 고통으로 이루어져 있어요. 고난에는 끝이 없습니다. 아무리 그 일들이 힘들지라도 우린 그것을 완수해야만 합니다."

아모르파티에 대한 이해를 궁구하다 보면, 고통은 아픔이 아니라 차라리 시련이다. 우리는 이 고통이나 고난을 하나씩 완수해 나갈 뿐이다. 헤르만 헤세도 《삶을 견디는 기쁨》에서 고통을 피할 수 없으면 극복하고 즐기라고 했다.

노랫말을 보면 고통을 이기고 가라 "마음이 가는 대로 하면 돼."라는 말로 아모르파티를 일갈하고 있다. 종심의 때에 꼭 맞는 말인 것 같기도 하다. 시대를 초월하여 니체도, 호메로스도 똑같은 고뇌를 했을 것 같다. 자신의 생각대로 참되게 살아가는 사람이 참 행복하다는 생각이 든다.

애오라지 운명을 사랑할 일이다. 아모르파티!

내 마음의 시간

송년행사가 줄을 잇는다. 계묘년 시작이 엊그제 같은데 벌써 연말이라니. 사방은 더 깊은 겨울로 빨려 들어간다. 이맘때면 한 번쯤은 지나간 시간을 돌아보게 된다. 하루하루의 삶은 달력의 숫자가 바뀐다고 해서 특별할 것도 없는 날들이다. 어제가 오늘로 이어지는 80여 년, 3만여 날의 삶 중 하루일 뿐이다.

10여 년 전만 해도 기대 수명은 80세 전후라고 했다. 그런데 생활환경이 좋아지고, 의학이 발달하여 100세를 바라보는 시대가 되었다. 어떤 사람들은 백세시대라고 좋아한다. 오래 사는 것이 축복임에는 틀림없다. 그런데 수명이 연장되었다는 것은 몇 년을 더 사는 것인데 마냥 좋아할 일일까. 우리는 대부분은 흘러가는 시간에 편승하여 살아간다. 인생 후반부의 삶이란 건강수명보다는 병치레가 차지하는 골골의 시간이 더 많은 부분을 차지하기도 한다. 통계에 의하면 마지막 10년은 병원 신세를 지며 살아간다고 한다. 의료비용 또한 만만찮다. 하루, 한 달, 일 년, 더 산다는 삶의 의미는 무엇일까.

나는 아침에 일어나 분주하게 또는 느슨하게 시간을 보내다 잠자리에 든다. 시간을 의미 없이 흘러 보내는 것인가. 죽음을 기다리며 시간 죽이기로 일관하며 사는 건 아닐까. 몸은 쇠약해지고 약봉지만 늘어간다. 이런 시간 속에서만 살 것인가. 내가 시간을 만들어가며 살 수는 없는 것일까. 누구에게나 똑같은 시간이 주어져도 저마다 다른 시간을 살아가고 있은 게 우리의 삶이다.

그래서 고대 그리스인들은 시간개념을 '크로노스(chronos)와 카이로스(kairos)'로 나누었다. '물리적인 시간'을 '크로노스', 마음속으로 헤아리는 '의미의 시간'을 '카이로스'라고 하였다. 카이로스는 새로운 사건, 기회, 순간적인 경험 등으로 삶이 풍요로운 시간이다. 일상의 주기적인 시간이라도 내 마음속의 시간 속에 존재한다면 젊음이 무엇이 부러울까. 좋아하는 일을 하며 새로운 것에 도전하고 사건의 중심에 내가 있다면 얼마나 행복할까.

공자는 "조문도朝聞道면 석사夕死라도 가의可矣니라."라고 했다. 삶의 목표와 목적은 사람마다 다르다. 공자는 도를 인생의 목표로 삼았기에 "아침에 도를 깨우치면 저녁에 죽어도 좋다."

고 고백한 것이다. 공자는 카이로스 무게의 가치를 이렇게 표현한 것이다. 나는 잘 익은 수필 한 편이면 석사夕死라도 가의可矣니라.

주자는 도道를 '사물의 당연한 이치'라고 했다. 모든 사람이 따르고 걸어야 하는 길이 바로 도이다. 즉, 도는 카이로스의 시간이다. 순간이 영원이 된다. 유한한 삶을 넘어 이치와 하나 되는 것이다. 따라서 삶과 죽음의 경계가 없기에 아침에 듣고 저녁에 죽는다고 해도 억울하지 않다.

시인 박인환은 〈세월이 가면〉이라는 시에서 "지금 그 사람 이름은 잊었지만/ 그 눈동자 입술은/ 내 가슴에 있네"라고 노래했다. 그 사람과 함께했던, 이름마저 잊어버린 과거의 시간은 물리적 시간이요, 아직도 가슴에 남아 있는 눈동자나 입술은 영원한 시간이다.

황혼에 든 우리네는 무의미하게 산다는 건 너무나 허무한 일이 아닌가. 떠날 날이 언제일지 모르는 길지 않은 시간이기에 나만의 시간을 살아야지 않을까. 그러자면 건강한 몸과 마음이 동반되어야 할 것인데 무슨 일이든 방해자는 있게 마련이다.

방해자는 뻣뻣한 몸과 뇌이다. 몸이 굳으면 잘 움직이지 않게 되고 뇌는 딱딱해지고 이어서 생각은 편협해지고 고집쟁이가 되어간다. 영육이 뻣뻣해지는 것은 오감이 퇴화하고 제대로 전달되지 않아 몸의 유연성이 떨어지는 일이다. 이를 기전

(機轉 · 일어나는 현상)이라고 하는데 우리는 이를 잘 모르고 지나친다. 최근의 연구 결과로 오감이 외부의 감각을 전달하는 것처럼 우리 몸 안의 감각을 전달하는 체계가 밝혀졌다. 유연성의 이상이 몸이나 뇌를 뻣뻣하게 한다.

우리 몸의 다양한 조직이 서로 협력하여 역할을 한다. 이러한 조직들은 모두 압전자라는 감각세포를 기지고 있다. 압전자는 우리 몸의 움직임을 감지해 뇌에 신호를 보내는 것인데 뇌는 이런 신호를 가지고 근육을 조종한다. 이 압전자가 손상되면 몸이 뻣뻣해지는 증상이 나타난다. 유연함이 떨어지고 잘 넘어지고 다치게 된다. 이런 압전자가 망가지는 기전은 노화, 큰 손상이나 수술, 반복되는 작은 손상, 잘 움직이지 않는 것 등에서 기인한다. 그중 가장 영향력이 큰 기전은 노화이다. 우리는 노화를 막기 위해서는 건강한 식단, 규칙적인 운동, 올바른 자세, 꾸준한 사회활동 등을 일상화해야 한다.

특히 겨울엔 몸의 유연성을 유지하는 것이 가장 중요하다. 따라서 몸을 따뜻하게 유지해야 한다. 다음은 아침에 기상하고 손발을 털어주는 일, 가벼운 샤워를 하는 것도 좋다.

나는 매일 걷기와 맨손체조 등으로 기본운동을 한다. 그래야 수필이라도 쓰며 내 마음의 시간을 살아갈 수 있을 것이란 생각이 들기에.

나 떠나는 날에는 · 1

에어컨 바람도 시원하지 않다. 창밖으로 내다보이는 보도에는 어쩌다 한 사람씩 지나간다. 차도도 한산하기는 마찬가지다. 이렇게 무더운 날이 또 있었던가 싶다. 별로 기억나지 않는다. 이번 여름은 거의 3주 이상 최고기온이 35도를 넘나든다. 경북의 어느 지방은 40도를 넘은 날들이 속출하고 있다. 열사병으로 여러 명이 사망했다는 보도까지 들린다. 중동에서도 이렇게 덥진 않았는데….

젊은 시절, 중동 열사熱沙의 벌판에서 생사고락을 함께했던 친우들과 산행하기로 한 날이었다. 우리는 일단 모여서 산행 방향을 잡는다. 두 시간 정도의 뱀골코스를 걷자는 의견이 있었다.

산행 전날 밤, 나는 혈압이 갑자기 치솟고 머리와 뒷목이

터질 것같이 뻣뻣하고 아팠다. 아내는 산에 갈 것이 아니라 병원으로 가라고 했다. 더 심해지면 응급실로 가야겠다고 혼자 생각하고 있었다. 한동안은 혈압이 낮아서 걱정을 했었는데 무슨 일인지 이런 사달을 맞은 것이다. 아내가 복용하는 혈압약을 급한 대로 한 알 먹고 잠을 청해 보지만 오히려 사념만 너풀거린다.

건강하게 살고 마무리를 잘해서 남는 가족들에게 짐을 지우지 말아야 하는데, 나에게는 아직 아무것도 준비된 게 없음을 깨달았다. 밤을 새우다시피하며 아내와 이런저런 얘기를 나누었다. 아내도 걱정스런 마음을 감추려하지만 배어나오는 염려의 표정은 영력했다.

아침에 눈을 뜨자마자 혈압부터 체크하니 정상으로 돌아왔다. 걱정은 잊자며 약속장소로 갔다. 일행 중 세 명이 와서 기다리고 있었다. 무더운 날씨를 감안해 뱀골 대신 호압사를 향해 걷기 시작했는데 출발하자마자 숨은 헉헉거리고 땀은 비 오듯 했다. 모두가 기진맥진하여 탈수증세가 올 것만 같았다, 간신히 호압사를 돌아내려와 잣나무 숲에서 시원한 물로 목을 축이고 대화를 나누었다. 오랜만인지라 밀린 얘기가 많았다. 가족들 얘기, 믿음 얘기, 건강과 병 치료 얘기들이 오갔다. 건강이 화두가 되었고 죽음에 이르는 얘기까지 이어졌다.

우리는 서로를 칭찬하며 그래도 잘 살아왔다고 위로도 했다. 그런데 요즘 나이로는 많은 건 아니지만 적은 것도 아니다.

혼란의 소용돌이를 견디며 종심從心도 자났으니 모두가 감사할 뿐이다. 누가먼저냐 일뿐 모두 천국으로 가는 것은 정한 이치다. 이 선생은 폐 문제로 고생하고, 강 선생은 몇 년 전에 위암 수술을 받았다. 그러고 보니 병의 경중은 다르지만 모두가 환자들이다. 이젠 병과 친구하며 사이좋게 지내다가 주님이 부르시면 다 내려놓고 가야한다.

문정희 시인은 〈늙은 꽃〉에서 노래했다.

어느 땅에 늙은 꽃이 있으랴
꽃의 생애는 순간이다
아름다움이 무엇인가를 아는 종족의 자존심으로
꽃은 어느 색으로 피든
필 때 다 써버린다…

- 문정희

꽃이 찬란한 것은 늙지 않기 때문이다. 필 때 모든 걸 다 써버리기 때문이다. 꽃의 핏속에는 주름과 장수의 유전자가 없고 말과 분별이 없다. 눈부신 것들이 불러일으키는 찬란한 착란이다. 이렇게 우리의 생애에도 늙음이 애초에 없다면 얼마나 좋을까만?

나의 노년은 피어나는 꽃입니다.

몸은 이지러지고 있지만,
마음은 차오르고 있습니다.
- 빅토르 위고

문정희의 시처럼 '몸은 늙지 않는 꽃처럼 살고', 빅토르 위고의 문장을 상기하며 '마음은 정열적으로 살아가면' 좋겠다는 생각을 해보았다.

나 죽은 후의 세리머니를 이래라저래라 요구하는 것이 무슨 의미가 있을까마는 나 떠나는 날에는 화려하지 않고 기쁜 잔칫날이 되었으면 좋겠다. 나를 보내는 자리가 눈물로 얼룩지기보다는 조문객들이 맛있게 먹으며 삼삼오오 모여서 못다 한 얘기도 나누며 웃는 자리가 되었으면 좋겠다. 하늘길 나서는 내게 덕담이라도 조금 섞어준다면 더 바랄 것이 없겠다.

찾아온 손님에게 음식은 제대로 대접했으면 좋겠다. 육개장은 칼칼했으면 좋겠고, 안주로 내놓은 누른 고기는 딱딱하지 않으면 한다. 후식은 싱싱한 제철 과일이나 채소를 내놓으면 좋겠다.

다음의 삶은 후대의 몫이다. 그들에게 기꺼이 내 자리를 양보하고 싶다. 그들 또한 슬퍼하지 않고 요단강 건너가 기다리라고 찬송으로 환송해주면 좋겠다. 조상님들과 부모님이 가서 계신 곳으로 편히 가고 싶다. 그날이 언제일지 모르지만 선조들이 그랬듯이 우리도 터전을 후손에게 내어주고 가야만 한다.

산다는 것은 결국 세대를 이어 가는 것이다. 우리가 부모님들의 뒤를 이어받았듯이 후손들이 우리를 잇고 또 살아갈 것이다.

죽음 또한 삶과 이어져 있다. 독일의 시인 헤르만 헤세는 삶과 죽음이 이어지는 고통을 피할 수 없다면 즐기라고 했다. 지금까지 잘 살아왔음에 감사하며 어제의 고통도 즐거움으로 회상해 보련다. 나 떠나는 날에는 모두가 웃는 날이었으면 한다.

5부

추사秋史를 넘어서

오행에 순응하며

아버지의 천자문

신팔여거사

향기 나는 삶

가마우지의 행태

금식이 형

나 떠나는 날에는 · 2

추사秋史를 넘어서

글쓰기가 무엇인가? 아마도 자기의 생각과 지식을 글자로 표현하는 행위일 게다. 내 생각을 문자 혹은 다른 예술방법으로 표현하여 책으로 보관하고자 하는 마음은 인간의 본능이다. 사람의 기억력은 유한하기 때문이다.

무형의 사상이 유형화되면 그때는 나만의 것이 아니고 타인과 공유하는 것이 된다. 그러기에 글쓰기는 더욱 신중하여 독자들이 공감할 수 있어야 한다. 감동은 나와 읽은 이 모두의 삶 속에 스며들게 마련이다.

글쓰기 중에 서예라는 분야가 있다. 이는 글쓰기라기보다는 글자를 형상화시키는 예술 행위이다. 그래서 붓을 들면 상상의 나래가 창공을 주유하고 때론 고뇌의 심연 속에서 삶의 가치를 운위하기도 한다.

우리는 흔히 서예라고 하면 조선시대의 한석봉과 추사 김정희를 떠올리게 된다. 한석봉은 학창시절 국어 교과서에 수록된 떡장수 어머니와 아들의 실력 대결이 생각나게 한다. 추사는 제주도 유배시절에 그린 〈세한도〉가 기억된다.

서예는 기록의 목적을 초월했을 때는 예술의 한 분야로 확장된다. 나아가 글에서 글쓴이의 정신과 사상, 인품과 인격을 드러내는 전인격의 표현수단이 되어야 한다. 그리고 필법을 궁구하며 기술을 연마해야 한다.

추사는 칠십 평생에 벼루 열 개와 붓 일천 자루를 모두 닳아 없애야 한다고 했다. 그는 일찍이 팔뚝 아래에 삼백아홉 개의 옛 비문 글씨를 완전히 익혀야 하고, 옛 사람이 남긴 훌륭한 글씨체 삼백아홉 가지를 임서하여 배워야만 비로소 자신의 글씨를 쓸 수 있다고 역설했다.

중국 송나라 시인 소동파는 글쓰기 과정을 다음과 같이 술회했다. "쓰다 버린 붓이 무덤같이 수북이 쌓여도 하나도 진기한 일이 아니며[退筆成塚不足珍] 만 권의 책을 읽어야 비로소 신과 통할 수 있다[讀破萬卷始通神]."고 역설했다.

중국의 서예사書藝史를 살펴본다. 서성書聖이라 불린 왕희지는 고상한 운치가 감돌고 생동하는 신운神韻을 불어넣은 새로운 글씨를 창안했다. 구양순은 법法을 불어넣어 글씨를 완성하였다. 뒤이어 소동파는 의義를 불어넣어 활달한 글씨를 썼다. 조맹부, 동기창 같은 서예가는 새로운 태態의 경지를 열어보였다. 그리고 청나라 정판교는 괴怪를 불어넣었다. 모두 옛사람들의 고전에서 새것을 찾아내는 입고출신入古出新의 정신으로 자신만의 서체를 창안했던 것이다.

한데, 입고출신의 정신에 가장 투철한 서예가는 역시 추사 김정희였다. 그는 '추사체'라는 독보적인 경지를 이루었다. 옛사람들의 장점을 모두 모아 새로운 조형미를 만들어 낸 것은, 오랜 시간 연습과 연구 그리고 수양으로 다듬어낸 끊임없는 노력의 결과라 하겠다.

붓으로 쓰고 그리는 공간에는 서예가의 힘과 기운이 흐른다. 그런데 먹물이 묻지 않은 흰 공간인 여백에도 힘과 기운의 흐름은 존재한다. 먹물의 흔적과 흐름이 형상화되는 동시에 형태가 없는 여백에 기가 흘러들어 가득 차게 된다. 즉 음양의 기가 여백에 통하는 경지가 된다.

추사 김정희가 구사한 〈세한도歲寒圖〉의 여백의 미를 살펴보면, 화폭에 단지 집 한 채와 네 그루의 나무를 간결한 필치로 그려 넣었다. 이 그림에서 추사는 제주도 귀양살이를 하는 자신의 처지를 외딴집으로 상징화했다. 그리고 사제師弟 간의 변치 않는 의리를 눈 쌓인 한겨울 추위 속에서도 늘 푸른 소나무와 잣나무의 기개로 표출시켰으며, 눈 덮인 나지막한 언덕 너머의 빈 공간은 '절제'된 중용과 침묵의 처소로 설정했다. 추사는 이 그림을 보는 이가 여백으로 들어와 자신과 이심전심으로 뜻과 여운을 공감할 생각을 담은 듯하다.

한편, 추사 김정희를 능가할 만한 현세의 서예가 한 분이 계셨다. 바로 소지도인 강창원 선생이다.

소지도인 강창원 선생은 모든 점과 획마다 붓끝이 만들어내는 '핵核의 씨눈'이 살아 있는 글씨를 썼다. 이런 글에는 오지제력五指齊力하고 만호제력萬毫齊力하여 중봉中峰으로 글씨를 썼다. 붓을 잡을 때 다섯 손가락의 고른 힘으로 모든 붓털이 힘을 골고루 발휘하여, 붓끝이 늘 가운데에 있어 치우침이 없어야 한다고 했다. 그분의 명필은 점과 획의 어디에도 '씨눈'이 들어 있다고 한다.

그분은 일반인들에게는 널리 알려지지 않은 숨어있는 보석 같은 명필 서예가이다. 해방 이후 국전을 외면하고 스스로 즐기고 수양하는 예술로 생각하고 유유자적한 생활 속에서 작품 활동을 한 분이다.

추사는 일생에 단 한번 중국 베이징을 방문해 한 달 정도 당대의 중국 서예계를 둘러보고 많은 영향을 받고 돌아왔다. 그러나 강창원 선생은 중국에서 30년을 살면서 15년 이상 베이징에서 공부했다. 부유하고 후덕한 의료인 집안 자손으로 서예의 본고장인 베이징에서 자랐다. 선친이 운영하는 병원 응접실에는 수많은 문인, 화가, 서예가들이 모여들었고, 이들이 기증한 수많은 작품 속에서 그분의 서예에 대한 꿈도 자랐을 것이다. 당시 베이징 유리창 거리에는 명필의 현판들로 현란했고, 골동 서화상이 집결해 있었다.

강창원 선생은 당나라 시대에 완성된 해서楷書를 잘 쓰는 보기 드문 서예가로 임지학서臨池鶴書 지수진묵地水盡墨의 노력으로 당나라 대가들의 서법과 서풍을 더욱 발전시킨 분이다. 안진경의 산수, 구양순의 완벽한 결구와 법식, 우세남의 우아함, 유공권의 골격, 저수량의 날렵함과 상쾌한 멋을 터득한 위에 독특한 필법을 구사하였다고 한다. 그 외에도 그분은 모든 서체를 섭렵했다. 서단에서 유행하는 서체와는 무관하며, 오로지 고전을 익히고 자신만의 독특한 서체를 만들었다. 그 결과 독특한 행서를 쓴 분이다. 해서를 많이 쓰다 보니 자연스럽게 나온 결과로 어느 누구도 따르지 못한 필적이라고 했다. 〈증우삼구도〉에서 행서의 뛰어남을 엿볼 수 있다고 한다.

대표작으로 전문 5,000자가 넘는 《금강경》이 있다. 대승경전으로 《반야심경》과 우리나라, 중국, 일본에서 쓰이는 대승불교의 경전인 셈이다. 그분은 이 중요한 경전을 70×137㎝의 전지 153장에 하나의 작품을 고른 글씨로 연속해서 쉼 없이 썼다고 한다. 이는 강인한 체력과 필력, 그리고 자신감이 만든 작품이라고 할 수 있다.

행서체의 《반야심경》도 반절의 화선지 한 열에 네 자씩 쓴 작품은 무려 9m가 넘는다. 이를 보는 이들은 추사의 글씨라고 말한다. 소지도인은 추사를 뛰어넘겠다거나 누구보다 글씨를 더 잘 쓰겠다고 한 서예가가 아니다. 그냥 글씨를 즐겨 유어예遊於藝할 뿐이었다고 했다.

내가 소지도인 선생을 안 것은 몇 년 되지 않았다. 신중한 심성의 소유자인 그분의 자제분 덕분이다. 직장의 오랜 동료이자 지금은 산행을 함께하는 사우의 부친이시다. 그분의 100세 기념 전시회에서 처음 그분의 글씨를 만났다.

103세까지 사신 그분은 85년이란 긴 세월을 서예에 정진하셨다. 중국이나 한국 서예계의 마지막 세대라고 할 수 있다. 그리고 정통 서예의 맥을 이어온 유일한 독보적인 존재이기에 이런 사상과 서예의 큰 탑으로 남아있다. 40여 년 전 미국으로 건너간 이후로는 자기만의 고유 서체를 구사하는 서예신書藝神의 경지에 올랐다고 볼 수 있다. 진정으로 소지도인은 추사를 넘어선 서예의 정점이라는 생각이 든다.

오행에 순응하며

시간은 참 빠르다는 생각이 새삼 든다. 엊그제인 것 같던 평창동계올림픽이 지난 지도 한참이 되었다. 최선을 다하던 선수들의 모습은 아직도 생생하다.

스물여덟 살의 미국의 스노보드 선수 제이미 앤더슨, 그녀는 2018 평창동계올림픽 '스노보드 여자 슬로프스타일'에서 금메달을 목에 걸었다. 올림픽 2연속의 쾌거였다. 또한 '스노보드 여자 빅 에어'에서는 은메달도 땄다.

그녀는 명상하는 자연주의자이다. 평소에 고향 캘리포니아주 타호에 들러 자작나무 숲을 자주 걷는단다. 경기 때마다 엄마 품에서 사랑을 받는 아이처럼 나무를 껴안고 기를 받는다. 그러기에 칼바람 속에서도 편안한 표정으로 스노보드를 탈 수 있다.

그녀를 보면서 소박한 농부 철학자 피에르 라비가 생각났다. 그는 저서 《농부철학자 피에르 라비》에서 "나는 내 아이에게 나무를 껴안고, 동물과 대화하는 법을 먼저 가르치리라. 숫자 계산이나 맞춤법보다는 첫 목련의 기쁨과 나비의 이름들을 먼저 가르치리라."라고 말했다. 정수淨水된 물만 마시고 매연煤煙 아스팔트 위만 걸어 다니는 현대인들은 우주를 이루는 4원소인 물, 불, 공기, 흙이 부족하다고. 그래서 정신적으로, 육체적으로 건강하지 못하고 제대로 생의 기쁨을 누리지 못한다고 역설했다.

그런데 그것이 나 자신의 문제일 줄은 꿈에도 몰랐다. 어느 날 의사가 내게 조언했다. 하루에 1시간 이상 햇빛을 받든지 아니면, 비타민D를 먹으라 했다. 긴 여름과 가을의 뜨거운 빛을 잘도 받았는데, 생각해보니 팔목을 다치고 나서 긴긴 겨울을 건물 밖으로 나가본 적이 별로 없었다. 봄이 와도 코로나19가 나를 잡아 가두었다. 궁여지책으로 햇살이 좋은 날 발코니 창가를 찾아서 햇빛이 피부에 닿도록 했다. 따스한 햇볕이 피부 깊숙이 스며드는 촉감을 찬찬히 느껴보았다.

햇빛을 받은 피부는 나를 지키는 화로다. 우리 몸 안에는 불씨를 지니고 불을 피우는 화덕이 있는 것 같다. 몸뿐이 아니다. 옛 고향 집에도 부엌을 지키는 조왕신이 있었고, 서양에는 가정을 지키는 화덕의 신 헤스티아가 있었다.

불이 부족하니 불을 모으고, 바람이 부족하면 심호흡을 하는 몸이다. 물이 부족하면 갈증으로 신호를 하는 육체이다. 태양은 몸 밖의 심장이고, 강물은 몸 밖의 혈관이라 하지 않는가.

물, 불, 공기, 흙의 4원소는 우리를 낳은 어머니이고, 우리의 옛 몸이다. 그 원소들이 인연 따라 그렇게 또 그렇게 흘러들어 현재의 몸이 되었다. 그들과 충분히 소통하는 자, 건강하게 살고 건강하게 죽는다.

평창올림픽 개막식 때 인상적이었던 것 중의 하나가 바로 이 자연의 요소를 다섯 아이로 표현한 것이었다. 물, 나무, 불, 흙의 4원소에 금의 바람 혹은 공기를 만질 수 있는 상징인 금과 나무로 바꾸면 5행이 된다. 4원소와 5행은 생을 아니, 인생과 세계를 자연의 원소로 설명하려 했다는 점에서 근본적으로 다르지 않다.

4원소가 아니라 5원소인 5행이 되면 음양을 곱해 10간干이 되고, 12지지地支가 되어 훨씬 다양한 변화를 보여줄 수 있다. 오행설은 우리의 자연관이고 달력이었으며, 생태학이고 세계관이었다. 오행五行은 돌고 돈다. 상생相生으로 돌거나 상극相剋으로 돈다. 상생으로 보면 물이 있어야 나무가 자라고, 나무는 불을 만든다. 불은 재가 되어 흙으로 돌아간다. 상극으로 돌 때는 물은 불을 끄고, 불은 금을 녹이고, 금은 나무를 패고, 나무는 흙의 영양분을 갈취하여 성장하고, 흙은 물을 흙탕물로 만든다.

언제나 강한 존재도 없고 어디서나 약하기만 한 존재도 없다. 서로 기대어 힘을 얻고, 대립하여 투쟁하는 이 순환에서는 영원한 승자도 패자도 없다. 그러니 지금 이 영광도, 이 치욕도 나 자신을 누르고 배워야할 순환의 과정일 뿐이다. 아모르파티Amor fati에서 얘기한 독일 철학자 프리드리히 니체는 이를 동일한 것의 영원회귀永遠回歸라고 명명했다.

흙으로 빚어진 우리는 신선한 바람 덕에 호흡하기 시작했다. 물과 흙으로 빚어지고, 불과 공기로 호흡하는 우리에게는 물, 불, 공기, 흙과 친해져야만 한다.

바람을 가르고 얼음판을 나는 한국계 미국인 스노보더 열일곱 소녀 클로이 김처럼은 살 수 없어도 산책을 하고, 나무를 껴안고, 동물과 눈을 맞출 수는 있겠다. 클로이 김의 영상을 보니 그녀가 어떻게 성장했는지를 알 수 있었다. 그녀가 평창에서 딴 금메달이 자랑스럽고 한편으론 부러운 것도 있지만, 그녀가 누리는 자유로움에 시선이 머문다. 재미교포인 그녀가 만약 한국에서 살았다면 지금도 학원이나 전전하면서 살고 있을지도 모른다는 생각이 든다.

나이 들며 보니 지나가는 바람, 흐르는 물, 태양에서 쏟아지는 불, 끊임없이 변화를 잉태하는 흙이 새삼 소중하게 다가온다. 오행에 순응하게 된다.

오늘 나는 병원에 입원했다. 몇 년 전 수술한 곳을 검사하기 위해서다. 검사로 끝날지, 아니면 다시 추가수술을 할지는 내일 봐야한다. 결과가 어찌 나오든 오행에 순응하며 살 일이다.

아버지의 천자문

"이랴, 낄낄!"

논두렁에 쇠뜨기와 자운영이 싹을 틔우면 소 모는 소리가 넓은 들녘 여기저기 울려 퍼졌다. 조용하던 들판에 종달새도 '지줄지줄 지지지' 덩달아 높이 날아올랐다. 들녘은 그렇게 분주해졌다.

분주하게 시작한 한 해 농사가 마무리되는 가을이면 들녘은 허허로워지고 농촌은 조용해져 갔다. 밖으로만 쏘다니던 우리도 따뜻한 온돌방을 찾아들었다. 저녁이면 등불 아래 옹기종기 모여 앉아 아버지 앞에서 그날의 일과를 마무리했다. 형들은 학교에서 공부한 얘기를 했다. 아직 어려서 학교에 가지 못한 나는 〈천자문〉을 외웠다.

이웃 동네에 서당이 있었다. 상급학교 진학을 못 한 동네

형들이 공부하러 가는 곳이었다. 더러 학교 가기 전에 천자문을 공부하는 일도 있었다. 내가 그런 애 중에 하나였다. 지금 회억해 보면 아버지는 막내인 나를 각별히 아끼신 듯했다. 한글도 깨우치기 전부터 천자문을 가르치셨으니.

하늘 천, 따 지로 시작하는 천자문을 외우고 뜻을 말하는 전 과정을 배웠다. 아직도 첫 구절 천지현황天地玄黃 우주홍황宇宙洪荒과 끝 구절 위어조자謂語助者 언재호야焉哉乎也는 또렷이 기억난다. '하늘과 땅은 어둡고 누렇다. 세상은 한없이 넓고 시간은 영원하다.'로 천자문이 열린다. 말미에 위어조자謂語助者 언재호야焉哉乎也는, 말에는 꼭 필요한 '어語'와 '조助'가 있으며 조에는 언재호야焉哉乎也 같은 말이 있다. 뜻도 모르면서 그저 외우고 칭찬을 받는 게 좋았었다.

세월이 지나 중학생 때 아버지로부터 천자문을 다시 배웠다. 좀 더 깊이 있게 익혔다. 근래에 와서 그때를 회상하며 다시 천자문을 펼쳐놓고 시작과 끝을 들여다보았다.

처음의 천지현황天地玄黃을 재배열하면 천현지황天玄地黃이다. 천현과 지황으로 구분하여 볼 수 있다.

'천현天玄'은 하늘이 검다는 뜻이다. 하늘이 검은 것은 알 수 없는 묘한 이치를 가지고 있음을 뜻한다. 하늘이 먼저 있은 뒤에 땅이 있으니 땅은 하늘을 법으로 하고[地法天], 땅이 있은 뒤에 만물(사람)이 있으니 만물은 하늘과 땅을 법으로 한다[人法地]. 법으로 한다는 것은 땅과 만물이 하늘의 속성을 승계하고,

그 법칙에 의지하고, 그 제약에 구속됨을 말한다. 하늘은 땅과 만물의 환경을 구성하며 스스로 그러함[自然]이며 존재함[存在]이다.

'지황地黃'은 땅이 누렇다는 뜻이다. 땅이 있고 난 뒤에 만물이 있으니 만물은 하늘과 땅을 법으로 한다[人法地]. 땅은 하늘 아래서 만물을 싣고 있으며 땅의 색깔이 누런 것은 곡식을 뜻한다. 곡식은 만물을 생육한다. 그러나 곡식을 심고 거둠은 인간의 의지에 따른 행위이므로 이는 인위人爲이며 당위當爲이다.

우주홍황宇宙洪荒도 재배열하면 우홍주황宇洪宙荒이다. 우홍과 주황으로 구분하여 볼 수 있다.

'우홍宇洪'은 하늘과 땅의 안을 가로로 말하여 상하와 사방이 되니 공간[宇]이라 하고, '주황宙荒'은 세로로 말하여 지난 과거와 현재와 미래가 되니 시간[宙]이라 한다. 즉 우리가 사는 세상이란 공간과 시간으로 구성되어 있다. 이렇듯 하늘과 땅을 이루는 공간은 좌우가 아득히 길고 넓으며[홍광洪廣], 가없이 넓으니[무애사無涯涘] 무한히 크고 안정된 것이다. 하늘과 땅을 이루는 시간이란 지나간 시간은 아득하고 다가올 시간은 멀리 있으며[황원荒遠], 마침도 없고 다함도 없으니[무종극無終極] 영원한 것이다.

말미의 위어조자謂語助者에는 '실자實字'와 '허자虛字'가 있음이니 실자란 '어語'이며 허자란 '조助'이다. '어'는 말씀의 중심이 되는 뜻을 나타내는 말이며, '조'란 말씀의 정취情趣를 나타내는 말이므로 '허'라 하여 없앨 수는 없는 것이며 허가 없으면 문장의 끝이 없게 된다. 일과 인생에도 실과 허가 있다. '실實'이 '동動'으로 움직이는 것이라면 '허虛'는 '정靜'으로 쉬는 것이다. 일은 끊임없이 새로운 일로 이어진다. 이어지는 듯해도 일과 일 사이에는 항상 쉼이 있다. 일이 긴장緊張이라면 쉼은 이완弛緩이다. 이완은 새로운 일을 할 수 있는 에너지를 충전하는 시간이기에 일이 될 수 없다. 그렇다고 허정虛靜이라 하여 버릴 수 있는 것이 아니다.

인생에도 동動과 정靜이 있으니 이들이 만드는 궤적을 파동波動이라 할 수 있다. 파동은 기승전결의 모양을 나타내는 사이클을 그린다. 하나의 파동이 끝나면 항상 쉼이 있게 된다. 그 쉼의 기능이 바로 언재호야焉哉乎也에 있으니 새로운 파동이 제대로 그려질 수 있는 것이다. '언焉'이란 하나의 파동이 마무리되었음을 나타낸다. '재哉'는 파동에 대한 자평自評으로 좋고 나쁘고, 만족하고 아쉽고, 기뻐하고 슬퍼하는 느낌이다. '호乎'란 타인을 통해 파동에 대한 반성과 성찰을 알아보는 것이다. 세평世評으로 자신을 돌아보는 것이다. '야也'는 앞의 파동이 마무리되고 새로운 파동을 나타내는 것이니 야가 있기에 새로이 준비하고 출발할 수 있는 것이다.

문학평론가 박양근 교수는 《좋은 수필 창작론》에서 "첫 문장과 끝 문장에 혼신의 힘을 기울여라."고 했다. 천자문에서도 서두와 말미에 집중한 것을 보면 알 수 있다.

천과 지가 창조되고 인간과 만물이 창조되었다. 무한한 하늘과 광활한 대지인 공간과 과거에서 미래로 흐르는 무한한 시간이 창조되었다.

마침은 사람의 본분을 지키라는 말이다. 사람은 필요한 것만 취하고 그렇지 않은 것은 버리려 하지만 삶에서 실과 허, 어느 것 하나도 소홀히 할 수 없다. 이 세상에 창조된 모든 존재는 필요치 않은 것이 없다. 필요한 것의 뒤에는 그렇지 않은 필요한 것이 있어야 세상은 조화를 이룬다. 그것은 글에서도, 일에서도, 인생에서도 그러하다. 가르침을 주시던 아버지의 말씀이 귓전에 맴돈다.

신팔여거사

아내와 산행 겸 소풍을 가기로 하고 아산에 있는 영인산으로 향했다. 연휴라서 차가 밀릴지 몰라 일찍 서둘렀다. 9시 반쯤인데도 주차장엔 빈자리가 거의 보이지 않았다.

날씨가 아주 따듯했다. 그런데 시계示界가 온통 뿌옇게 흐렸다. 숲속 아침 공기는 상쾌했지만 미세먼지가 문제였다. 우리는 마스크를 썼다. 그런데 대부분의 사람들은 착용하지 않고 걷고 있었다. 구글 지도를 확인만 해도 전국이 새빨갛게 뜨는데 미세먼지의 심각성을 잘 모르는 것 같았다.

한참을 걷다 보니 후덥지근하고 숨이 가빴다. 그래서 물이 흐르는 계곡을 따라 예쁜 꽃 향연을 음미하며 천천히 걸었다. 앙증맞은 은방울꽃, 탱자나무꽃, 보리수꽃 등이 예쁘다며 아내는 꽃을 따라갔다. 영산홍은 이미 철이 지났지만 아직은 볼만

했다. 온 산에 가지각색 영산홍을 잘도 심어놓았다. 아! 참 예쁘다. 천안으로 이사와 몇 번 와봤지만 볼수록 새로운 경관이었다.

산림박물관에 도착하여 솔솔 부는 바람을 맞으며, 자색꽃 등나무 그늘 아래 쉼터에 걸터앉아 간식을 먹으며 얘기를 나누었다. 몇 달 전에 위암 수술을 받고 회복한 누나와 어제 한식당에서 점심식사를 했었다. 식사를 한 곳은 노부부와 작은아들이 운영하는 큰 식당이었다.

그 집에는 아홉 살 먹은 손자가 있다. 천재적인 재능을 가지고 있다고 했다. 영어와 한자를 잘하고 화학을 특히 좋아한다고 해서 테스트해 보려고 화학기호와 주기율표 질문을 던지니 술술 대답을 잘도 했다. 아홉 살 아이로는 상상을 넘는 수준이었다. 그래서 나는 그에게 프리모 레비의 자전적 소설 《주기율표》를 소개해 주었다.

그런데 식당일을 오래 하다 보니 일에 지치고 피로가 쌓여 노부부는 병까지 얻어 고생한다고 했다. 요즘은 장사도 덜 되고 지출이 많아서 적자를 면치 못하고 있다고 했다. 그래서 식당과 부지를 통째로 내놓았지만 구매자가 선뜻 나타나지 않는단다.

식당 주인은 누나와 오랜 친분이 있는 사람이다. 음식 솜씨도 좋고 남에게 베풀기를 좋아하는 성품인데 어쩌다가 이런 어려움에 처하게 됐을까? 그래도 손자가 많은 위안은 되겠지만 근본적인 문제는 쉽게 풀릴 기미가 엿보이질 않았다. 모든 일이 잘 풀리기만을 기원했다.

조선 중종 때 사재思齋 김정국이라는 선비가 있었다. 그가 황해 감사를 지낼 때 《경민편警民編》을 편찬하여 백성의 교육에 기여했고, 또 《사재척언思齋拓言》이란 빼어난 야사를 지어 당시의 사회상을 날카로운 필치로 그려냈던 인물이었다. 그러던 중 1519년 훈구 대신들에 밀려 많은 사림士林들이 죽거나 쫓겨난 기묘사화가 일어났다. 사재 역시 정계에서 쫓겨나게 되었다. 고양군 서쪽 망동리에 은휴정恩休亭이란 정자를 짓고 학생을 가르치고 책도 읽으며 지냈다. 은휴는 임금님 덕택에 쉰다는 뜻이다. 그는 벼슬할 때와는 다르게 생활이 바뀌자 호를 팔여거사八餘居士로 지었다. 여덟 가지 넉넉한 것이 있다는 좀 생뚱맞은 호였다. 그 내용은 다음과 같다.

"토란국과 보리밥을 배불리 넉넉하게 먹고, 부들자리와 따뜻한 온돌에서 잠을 넉넉하게 자고, 땅에서 솟는 맑은 샘물을 넉넉하게 마시고, 서가에 가득한 책을 넉넉하게 보고, 봄날에는 꽃을 가을에는 달빛을 넉넉하게 감상하고, 새들의 지저귐과 솔바람 소리를 넉넉하게 듣고, 눈 속에 핀 매화와 서리 맞은 국화에서는 넉넉하게 향기를 맡는다네. 한 가지 더, 이 일곱 가지를 넉넉하게 즐기기에 팔여라고 했네."

나에게도 여덟 가지 감사할 것이 있다. 이를 신팔여거사新八餘巨士라고 하고 싶다.

나는 그래도 참 좋은 시절에 호사를 누리며 살 수 있으니 얼마나 좋은가! 사재 김정국처럼 쫓겨나지 않고 일도 잘했으니 감사하고, 편리한 아파트에서 살 수 있으니 감사하고, 좋은 책을 맘껏 읽을 수 있으니 감사하고, 철따라 유람할 수 있으니 감사하고, 등산하며 좋은 산수와 꽃을 보니 감사하고, 좋은 친구들과 삼삼오오 모여 좋은 음식과 커피도 즐길 수 있으니 감사하고, 여기에 더해서 팔거여사가 하지 못했던 해외여행도 할 수 있으니 이 또한 감사하고 한 가지 더해서 외국인과 대화도 조금은 나눌 수 있으니 기쁘고 감사하지 않은가! 이것이 신팔여거사가 아니고 무엇이겠는가? 감사의 마음을 담아 신팔여거사로 살아보려고 내 방문에 청운당靑雲堂이란 명패도 붙여놓았다.

아내는 다리가 아프다며 등나무 아래서 쉬기로 하고 나는 혼자서 영인산 꼭대기를 찍고 왔다. 그곳에도 겹매화, 박태기꽃, 송화, 참나무꽃 등이 한창 만발해 있었다. 아무에게나 잘 보여주지 않는 꽃들도 많이 볼 수 있었다. 나는 조금은 꽃을 잘 보는 눈이 있다고 생각해 본 적이 있다. 하산은 호젓한 샛길을 택해서 걸었다.

한 시간이나 기다려서 쌈밥정식을 맛있게 먹고 나니 포만감에 오수가 밀려왔다. 흐릿한 의식 저편에 사제 김정국의 삶이 그려지고 나의 삶이 겹쳐 팔여거사와 신팔여거사로 오버랩 되었다.

향기 나는 삶

엘리베이터를 탔다. 문이 열리며 진한 향기가 확 밀려나왔다. 텅빈 공간에서 갑자기 밀려나오는 향기. 누가 이 좋은 냄새를 남기고 갔을까! 엘리베이터에 오래도록 있어도 좋을 향기였다.

냄새를 뒤로한 채 친구들과의 모임 장소로 향했다. 식사 후 밀린 얘기를 위해 전통찻집으로 자리를 옮겼다. 찻집에 들어서는 순간 엘리베이터에서 풍겼던 향기가 또 우리를 맞이했다. 이 좋은 향기가 나를 따라 다니는 건가. 이 좋은 향기를 연거푸 만나다니! 운이 참 좋은 날이라는 생각이 들었다.

그런데 창가에 놓여있는 화분들이 눈에 들어왔다. '바로 저거다!' 하고 속에서 탄성이 터져 나왔다. 동양란에서 퍼지는 진동까지 느껴지는 향기, 나는 자리에 앉기도 전에 창가로 성큼 다가가 고고한 꽃에 넋을 잃고 바라보았다. 한참을 더 서있었다. 가까이 다가가 눈 맞춤을 하고 난 뒤, 코를 가까이 가져다 조심스럽게 향기와 코 맞춤을 했다. 더 짙게 전해오는 향기는 전율마저 느끼게 했다. 고개를 들고도 눈을 뗄 수가 없다. 보고 있노라니 꽃송이를 받치고 있는 꽃대에 매달린 옥구슬이 눈에 들어왔다. 향기로운 냄새에 영롱한 옥구슬까지 달려있다니. 구슬은 다름 아닌 꿀방울이었다. 난에서 차고 넘친 꿀이 그윽한 향을 머금고 매달려있는 것이었다. 한때는 나도 난을 가꾸며 향기에 취해보고 꿀의 달콤함도 맛보았던 적이 있었다.

집으로 돌아와 수필 한 편 써보려고 책상 앞에 앉았다. 앞에 놓여 있는 액자가 눈에 들어왔다. 년말모임에서 어느 수필가가 선물한 캘리 액자였다. '향기 나는 삶'이란 글귀와 옆에 난 화분이 앙증스럽게 그려져 있다. 글귀에서도, 꽃에서도 분향이 몽글몽글 피어오르는 듯했다. 향기 나는 삶이라! 어떤 삶이라야 향기가 날까?

내게서는 어떤 냄새가 날까? 생각해 본 적이 없는 사안이다. 혹시 남들이 고개를 돌리는 냄새는 나지 않을까. 내가 나의 음성을 잘 듣지 못하듯, 나의 향도 잘 모른다. 남들은 내게서 어떤 냄새를 맡을지 자못 궁금하다. 생각해 보건대, 나는 관대한 성격도 아니고, 그렇다고 모질거나 날카롭지도 못하다. 그러니 특별한 향기는 없을 듯하다. 조금은 시큼한 냄새가 나지 않을까 우려된다.

'화향백리, 주향천리, 인향만리'라고 했던가. 꽃과 술의 향기가 그윽하다고 한들 사람의 향기에 비유할 수 있으랴. 인품이 그윽한 사람은 존경과 사랑을 받는다.

나는 천안에 터를 잡은 지 십수 년이 지났다. 인연이 많지 않은 이곳에서 늘그막의 삶을 시작했다. 그런 중에 수필 향기 그윽한 K와 B, 두 분 선생님을 만났다. 무료하던 삶은 두 분을 만나 수필로 새 삶의 싹이 트기 시작했다. 오늘은 그중 연세 많으신 B 선생님을 생각한다. 난蘭이 풍기는 향기가 퍼졌다. 처음에는 잘 맡지 못하던 향기가 시간이 지날수록 점점 짙게 다가왔다. 분盆이 말이 없듯 선생님도 별말씀이 없고 빙그레 웃는 모습이 동양란을 꼭 닮아있다. 그 웃음에서 그분의 연륜과 살아온 생이 묻어나오는 듯했다. 문학기행에서도 연장자이지만 조용히 솔선하며 시간도 잘 지켰다.

꽃향기 술 향기는 코끝으로 전해 오지만 사람의 향기는 마음으로 전해 온다고 한다. 그분은 남에 대한 따뜻한 배려에서 인성의 향기가 풍긴다. 나에게도 귀감이 되는 원로 수필가이다. 국어국문학을 전공한 후, 교직에서 평생을 헌신하셨다.

선생님은 대학시절에 시인 박목월 선생의 강의를 들으며 한때는 시인이 되는 꿈도 있었다고 했다. 교단에서 문학을 강의하며 수필의 매력에 푹 빠져들었다고 했다. 일찍이 《수필과비평》이란 수필 전문지를 통하여 작가로 등단한 이래 평생 수필에 매진하며 주옥같은 글을 써냈고 수필집도 여러 권을 발간했다. 월간지 《좋은수필》에서 작품 〈민들레〉로 베스트에세이10에 선정되는가 하면 여러 번 수상도 하였다. 일찍부터 수필과 비평사와 지역문인협회에서 꾸준히 활동하며 지역의 문학발전에도 기여를 했다. 펜을 내려놓아도 뭐라 하지 않을 연세임에도 여전히 좋은 글을 쓰며 후학들에게 글 향기를 풍기신다.

공자는 《논어》에서 덕이 있는 사람은 외롭지 않고 반드시 이웃이 있다는 덕불고 필유린德不孤 必有隣을 애기했다. 나도 선생님을 본받으며 즐겁게 글을 써보련다. 모임 때에는 읽고 난 수필집을 들고 와 나누어 주기도 하고 그중에 좋은 수필 한두 편을 추천하시며 몇 번을 읽어보라고 권하기도 한다.

선생님은 '생활인의 지혜'를 잉태할 수 있는 '여백의 문학'이라고 수필론을 펴신다. 수필에 임하기 전에 우선 많은 독서와 문장수련을 권한다. 그런 연후에 생각의 폭을 넓혀야 수필에 다가가기 쉽다고 했다. 또 수필은 다른 문학 장르에 비해 만만하게 보는 경향이 있는데, 결코 쉬운 문학이 아니라며 인본주의가 창작의 바탕이 되어야 한다고 강조한다. 좋은 작품의 세 가지 조건으로 올바른 생각(사상), 사상을 잘 전달할 수 있는 어휘력, 분명한 주제를 꼽았다.

수필 쓰기란 나를 드러내는 일이다. 그런데 나는 그게 쉽지 않다. 아직도 드러내지 못하고 있는 게 많다. 다 내놓아야 난향까지는 아닐지라도 조금의 향기가 나지 않을까. 나도 선생님처럼 향기 풍기는 수필가가 되고 싶다.

가마우지의 행태

봄인가 했더니 어느새 더위가 찾아왔다. 수원 인근의 서호 둘레에 늘어선 벚꽃을 즐기려던 4월 초 어느 날이었다. 예년 같으면 벚꽃이 한창일 때인데 이미 다 지고, 도화 산당화 등 새 꽃들이 한창이었다. 호수를 한 바퀴 도노라니 몇 백 년은 됨직한 소나무와 팽나무가 봄의 전령인 듯 푸른 잎으로 단장하고 서 있었다. 물새들이 유영하는 호수는 큰 나무와 잘 어울리는 풍경이었다.

걷는 동안에도 많은 새들이 물위를 비상하는가 하면 물속을 들락거리기도 했다. 원앙, 물오리, 물닭, 가마우지 등이 공생하고 있었다. 수원 농촌진흥청 앞, 다리 위에서 내려다본 호수에는 잉어들이 한가로이 유영하고 있었다. 보이지 않는 수많은 물고기도 살고 있으리라. 까마귀, 까치, 직박구리는 호수의 마이너들인가. 주변의 나뭇가지만 맴돌고 있다. 물을 점령한 메이저들만의 천국인 듯했다. 비가 지나간 아침이라 시원한 바람은 얼굴을 부드럽게 스치며 지나갔다.

넓은 호수 가운데에는 타원형의 섬 하나가 자리하고 있었다. 나무들은 벌써 초록 잎을 피우고 있는데, 섬 안의 나무들은 모두 허옇게 보였다. 시력이 좋지 않아 선명하지는 않았지만 검은 물체들의 움직임도 희미하게 보였다. 김 박사는 수천 마리는 될 것이라고 했다. 그들은 거기에서 호의호식하며 살고 있다고 했다. 우짖는 소리는 군중들의 만세함성을 방불케 했다. 시간이 지날수록 공포의 소리로 들려왔다. 호수를 돌다보니 섬 안을 관찰할 수 있는 망원경도 설치되어 있었다. 이를 통해 바라본 검은 무리는 실로 어머어마했다. 섬 안의 나무들은 새들의 배설물에 의해 허옇게 말라죽어 있었다.

서울 한강의 밤섬에도 민물가마우지가 서식하고 있어 나무들이 고사하는 것을 막기 위해 공원 관리원들이 배설물 세척에 나섰다고 한다. 겨울철새였던 민물가마우지가 텃새로 자리 잡고 개체수가 급격히 늘어나며 일어난 현상이다. 이로 인해 최근에는 민물가마우지를 유해 야생종으로 지정해 개체수를 제한해야 한다는 주장까지 나오고 있다. 우리나라에 1,900년대에 2백7십 마리였던 민물가마우지가 작년에는 4만 8천 마리나 서식하고 있다는 통계를 접했다. 전문가들은 이들이 증가하는 이유로 지구온난화를 꼽는다. 갈 곳을 잃은 가마우지가 이제는 보호종이 아닌 천덕꾸러기가 되었다. 인간들의 걱정과는 달리 그들은 지극히 한가로워 보였다. 호수는 그들의 낙원인 듯했다.

우리나라에 서식하는 가마우지는 민물가마우지 외에도 세 종류가 더 있다. 그중에 민물가마우지는 주로 강이나 강 하구, 호수, 하천 등에 서식하는데 개체수가 급증하여 사회적 문제가 되고 있다. 먹이사슬을 교란시켜 어류가 줄어들고 수서곤충水棲昆蟲이 급증하여 생태계가 교란되고 있다. 가마우지 배설물로 인한 산성화 피해는 환경문제로 번져가고 있다.

그뿐만 아니라 어민들에까지 피해가 번져가고 있다. 가마우지 성체 한 마리가 하루에 1kg 이상 물고기를 먹어 치운다고 한다. 충북의 어느 호숫가의 어부는 연간 15t이었던 어획량이 이제는 1t도 안 된다고 하소연한다. 황소개구리보다 생태계를 더 파괴하는 무법자가 되었다고 한다.

그런데 오늘날까지도 중국, 동남아 일부와 일본에서는 가마우지를 이용하여 물고기를 잡는다. 어부들은 가마우지에 목줄을 매어 물고기를 삼키지 못하게 한 후, 잡은 물고기를 빼앗는 것이다. 물고기를 잡고 나면 가마우지의 목줄을 풀어주고 먹이를 준다. 물고기잡이에 이용된 가마우지는 주인이 주는 먹이를 받아먹으며 살아간다. 가마우지는 많은 물고기를 잡아주며 친근해져서 풀어놓아도 도망가지 않고 주인에게 충성한다. 검은 옷을 입은 새라는 뜻의 '가마우지'는 수영과 잠수에 능하다. 잠수를 할 때는 먼저 몸의 절반을 수면 위로 노출시켰다가 공중제비를 돌듯 입수하는 폼은 일품이 아닐 수 없다.

가마우지의 이런 특성처럼 남을 이용하여 살아가는 사람이 많은 세상이다. 다른 사람을 이용하여 본인 노력은 없이 부당하게 이득을 취하는 사람들. 가마우지를 이용하는 사람들이다.

요즘 정치인들을 볼라치면 가마우지에 기대는 사람이 너무 많다. 자신의 이익만을 위해 권모술수와 사기로 남들을 이용하는 일이 매일 보도되고 있으니 한심하다. 이는 가마우지의 우직함에는 한참 못 미치는 저질이 아닐 수 없다.

'가마우지 경제'라는 용어도 쓰이고 있다. 천연자원과 기술이 부족한 나라가 원자재를 수입하여 조립, 수출하는 형태의 경제를 가마우지가 물고기를 잡는 기술에 비유하는 말이다. 완제품 수출의 과정을 거치는 중간 가공 국가(가마우지)가 원자재와 부품을 조달하는 국가(어부)에게 무역이익(물고기)을 상당수 빼앗기는 형태이다. 천연자원과 기술이 절대적으로 부족했던 우리나라가 가마우지 경제를 통하여 성장해 왔다.

주인에게 얽매인 가마우지는 사람에게 양보하며 살았지만, 언젠가는 자신들이 온전히 포식하며 살아갈 수 있기를 꿈꾸었을까. 이제 가마우지는 꿈을 실현한 것인가. 일부 위정자들의 행태를 보는 것만 같다. 도처에 가마우지라, 개탄스럽기 그지없다.

금식이 형

오늘은 6 · 25전쟁 발발 74주년 되는 날이다. 아침부터 카톡 소리가 요란하다. 지인들이 보내오는 6 · 25 당시의 실상들이나 호국영령들을 기리자는 영상과 사진들이 쏟아진다. 퍼 나르는 내용의 카톡은 별 관심이 없는데 우연히 눌러본 한 영상이 나의 눈길을 끌었다.

8사단 10연대의 6 · 25전쟁 당시 영상이었다. 배경음악으로 흐르는 가곡 〈비목〉이 당시의 상황을 한층 실감하게 했다. 백석산 전투를 치르고 양구 어은산 인근에 주둔한 장면에서부터 먹먹해 오기 시작했다. 이 전투에서 아군 244명이 전사했고 14명의 실종자가 발생했다. 1,000여 명이 부상을 입은 참혹한 격전이었다.

국군의 눈부신 활약으로 적군의 피해는 훨씬 더했다. 적군

1,460명이 사살됐고 101명이 포획됐다. 이틀간의 치열한 전투 끝에 백석산을 아군이 점령했다.

나는 전투과정에서 발생한 아군 실종자 14명에 눈길이 멈췄다. 이들은 전사했을지, 적의 포로가 되었을지 생사가 분명치 않다. 추측건대 괴뢰군의 포로가 되었을 것이란 생각이 더 들었다.

영상의 국군 포로들이 내 가슴을 더 아리게 했다. 내게 남아 있는 상흔 때문이었을 것이다. 전쟁이 치열하던 시기에 병력이 모자라다보니 청년들은 말할 것도 없고 학생들까지 학도병으로 차출되었다. 나의 큰형, 외사촌형을 포함하여 동네 청년들도 거의 징집되었다.

전쟁이 잦아들며 제 발로 걸어서 돌아오거나, 부상병으로, 또는 유해로 돌아오기도 했다. 그중에 외사촌형만은 끝내 돌아오지 못했다. 나중에 안 일이지만 적에게 끌려갔다고 했다. 그 이름, 금식이형! 1932년생인 금식이 형은 철원의 어느 전투에서 격전을 벌였는데 후퇴의 때를 실기하여 적의 포로가 되었다고 했다. 혹시 영상에서 본 백석산 전투에서 생포되지 않았을까 하는 생각을 잠시 해보았다. 아직도 확인을 할 수가 없으니 안타까울 뿐이다. 지금도 어딘가에 살아있을 것이라고 믿고 싶다.

6 · 25사변은 1950년 6월 25일 그것도 일요일 새벽을 틈타 북한이 기습적으로 남침한 전쟁이었다. 수많은 유엔군까지 참

전하여 도와주었지만 참담한 피해를 입었다. 통계에 의하면 국군 참전 인원은 정확지는 않지만 100만 명이 넘을 것이란 추정이다. 그중에 사망한 국군이 14만여 명, 전쟁 포로가 되거나 실종된 사람도 수만 명이나 되었다. 많은 포로 중의 한 명이 금식이 형이었으니.

오늘 신문기사에 '국군포로 후손이란 이유로…'라는 글이 실렸다.

"6 · 25전쟁 때 대한민국이라는 나라가 지도에서 사라졌다면, 우린 아오지탄광의 암흑에 갇혀 삶을 끝내야 했을 겁니다." 서울 동작구 국립서울현충원에서 기자가 탈북민 모녀를 만났다. 모녀는 아버지이고 외할아버지의 가묘 격인 현충탑에 참배했다. 유기준이란 이름을 보며 눈시울을 붉혔다.

유 씨는 1926년 전북 익산에서 태어나 6 · 25전쟁에 참전했다. 가장 치열했던 철의 삼각지(철원, 금화, 평강) 전투에 참전해서 화랑무공훈장을 받기도 했다. 1952년 교전 중 북한 인민군에 의해 포로로 끌려갔다. 그는 평생 아오지탄광에서 노역을 하며 죽지 못해 살다가 고향땅을 밟아보지도 못한 채 1990년 숨을 거두었다.

'괴뢰군 포로' 낙인이 찍힌 가족들의 삶은 고난의 연속이었다. 딸 유 씨는 교사가 꿈이었지만 '반동의 피'란 이유로 아오지탄광에 끌려가 강제노역을 당했다. 기회를 엿보던 유 씨는 딸을 북녘에 놓아둔 채 2004년 홀로 탈북했다. 손녀 장 씨는

'반동 포로와 탈북자의 후손'이란 이중 족쇄가 채워졌다. 그녀 역시 남의 집 식모살이 등을 하다가 고등학교 졸업 후에는 아오지탄광으로 끌려갔다. 그녀는 삶이 짐승보다 못했다고 술회했다. 12시간 이상 일하는 것은 물론이고 갱도에 차오르는 물 때문에 감전 위험으로 생명의 위협을 느끼면서 일을 했다고 했다. 화장실이 없어 폐광 구석에서 일을 보았으며 석탄마대를 메고 사다리에서 떨어져 허리를 다치기도 했다.

2011년 한국에 정착한 어머니와 연락이 닿았고 마침내 감격의 재회를 맞았다. 장 씨는 2015년 통일부 산하의 법인 '프리덤 스피커즈 인터내셔널(Freedom Speakers Internationl, FSI)'를 통해 영어를 배웠다. 장 씨가 아오지탄광의 경험을 영어로 쓴 《검은 화장을 한 소녀(Girl with Black Makeup)》을 아마존에서 발매하고 있다. '검은 화장'이란 탄광에서 석탄 가루로 검게 된 얼굴을 뜻한다.

"나는 검은 화장을 한 소녀였습니다. 국군 포로의 후예였고, 다른 길을 선택할 자유는 없었습니다." 장 씨는 이날 "대한민국은 내게 자유와 새로운 삶을 선물했다."며 "내가 원하는 삶을 살아갈 수 있다는 것이 여전히 믿기지 않는다."라고 했다. 지금은 간호조무사 자격증 시험 준비를 하고 있다. "나처럼 아팠던 이들을 보살펴주고 싶다."고 했다.

오늘은 여러 곳에서 참전용사나 전몰자들의 숭고한 정신을 기리는 행사가 열리고 있다. 그런데 포로가 된 사람들이 잊혀

가는 것이 안타까움을 더하고 있다. 74년이 흐른 지금은 살아 있더라도 90이 훨씬 넘는 고령이다. 어떻게 어디에 살아 있든 남은 생이 행복했으면 좋겠다. 금식이 형님도 지금이라도 살아서 고국의 품으로 돌아온다면 얼마나 좋을까.

나 떠나는 날에는 · 2

설날이다. 변이에 변이를 거듭하더니 오미크론이란 놈으로 다가와 온 인류를 공포의 수렁으로 떠밀던 코로나19도 잦아들었다. 오랜만에 손자 손녀들까지 모이니 집안이 시끌벅적해졌다. 우리 부부는 점점 병력만 늘어가는데 세배하는 손자 규현이는 훌쩍 자라 제법 어른스럽다.

아들네와 마주앉았다. 역시 믿음직하다. 어렸을 때는 장난꾸러기로 학교에서도 소문이 났을 정도였는데 이제는 중년이 되어 어엿한 가장이고 직업인이다. 어느 누구에게도 그런 표현은 하지 않지만 잘 자라준 아들이 자랑스럽고 듬직하다. 손자 손녀들도 듬직하게 잘 자라주기를 소망해 본다.

갑자기 내가 어렸을 때 아버지 생각이 났다. 나의 가슴을 아리게 했다. 아버지도 우리를 사랑스럽게 키우셨을 텐데, 그때는 왜 눈치도 채지 못했을까. 모든 걸 받는 게 당연한 일처럼 여겼고 부모님의 마음을 헤아리지 못하는 철부지로 살았다. 부족함에 대한 불만만 가득했었다.

철이 들고도 막내라는 이유로 부모님을 제대로 모시지도 못했다. 해외에서 근무할 때, 머잖아 귀국하면 모시고 살아야겠다고 마음먹었는데 나의 귀국보다 먼저 떠나셨다. 이제는 후회해도 소용없으니 회한의 눈물만이 앞을 가린다. 아버지의 세월을 지난 지금 나를 돌아본다.

아들과 대화 중에 나의 죽음에 대해 슬쩍 비쳤다. 나는 아직 돌아갈 곳을 정하지 못했다. 죽으면 흙으로 돌아갈 거 아무데면 어떠랴만, 아이들이 내가 생각날 때 접근하기 쉬운 곳에 한줌의 흙으로 묻히면 좋겠다는 내색이었다. 내가 먼 곳에 있어 아이들이 왕래가 불편하면 누워있는 내가 더 불편할 것 같아서다.

주위에 친구들이나 지인들이 밤새 유명을 달리하는 소식을 듣는다. 나도 언젠가 저렇게 하직할 것인데, 왠지 마음이 급해진다. 내가 살아서 교류한 가까웠던 분들 중에 부고를 전할 사람들의 목록을 정리해 놓아야겠다는 생각이 먼저 떠올랐다. 목록을 정리하는 일은 신중을 기해야겠기에 며칠은 걸려야 될 것 같다. 가능하면 널리 알리지 말고 몇몇 지인들에게만 전하고 싶다. 되도록 조용히 가고 싶다. 풍문으로 알고 찾아오는 분들도 있을 것이다.

상을 치르고 난 후에 자식들도 힘들겠지만 조문인사를 다녀간 모든 분들께 예를 갖춰 정중하게 인사를 전하라고 당부하고 싶다. 경황이 없어 인사를 못했다고? 안 될 말이다. 큰맘으로 조문 오신 분들을 서운하게 해드려서는 안 되지 않겠는가. 만약에 내 유족이 감사를 전하지 못하면 길 떠나는 내가 편히 잠들지 못할 것 같다.

다음은 나의 유품 정리이다. 유품이라야 복잡하지도 않다. 불필요한 것들은 몇 번의 이사 때마다 정리를 했기에 간소한 편이다. 그런데 불어나는 책이 문제렷다. 정리를 해도 1년이 지나면 서재의 한쪽에 새 산더미가 생긴다. 그동안 써놓은 노트도 쌓여있으니 깨끗이 정리하고 떠나야 할 품목들이다. 옷가지나 생활용품도 마찬가지다. 많지 않은 유산이야 순리대로 나누어 주면 될 일이니 편히 떠나도 될 성싶다.

이제는 주님이 부르시면 얼른 일어설 것이다. 그런데 긴 병이라도 찾아와 몸에 착 달라붙어 같이 살자고 하면, 고통만 산처럼 쌓여 감당하기 힘든 지경이라면, 그때는 미련 없이 스위스로 날아가리라. '사전의료의향서'를 함께 작성한 친구와 이런 얘기를 자주 나누곤 했었다. 어떤 진통제로도 참을 수 없는 날이 오거나, 아들을 보고 아저씨는 누구냐고 묻는 날이 오면 삶은 '살아가는 것'이 아니라 '죽어가는 것'이다. 그때는 결단을 내려야 한다.

내가 알츠하이머병에 걸려 스스로 삶에서 떠나기를 선택한다면, 가족들은 나의 선택을 지지해줄 수 있을까? 인간으로서의 삶을 점점 잃어가기 전에 이승을 떠나겠다고 결심한다면, 그것에 동의하고 마지막에 이르는 모든 과정을 함께해 줄 수 있을까?

알츠하이머 진단을 받고 두 발로 설 수 있을 때 스스로 떠나겠다는 남편의 이야기를 쓴 에이미 블룸의 《사랑을 담아》는 부부가 스위스 취리히의 '조력 자살(존엄사)' 기관 디그니타스로 가는 내용이다. 소설가 에이미 블룸은 약물을 스스로 마신 남편 브라이언의 옆에 앉아 그의 숨소리에 귀 기울였다. 숨소리는 고르게 변했고 이내 마지막 숨을 뱉었다고 곁에 있었음을 증명했다.

디그니타스로 가는 길은 절망일 텐데 책 제목이 《사랑을 담아》이다. 희망으로 가는 길이란 말인가. 할 일 다 끝낸 어느 날 예기치 않은 일로 이승을 떠난다면 오히려 행복한 종명일 것이란 생각이 들기도 한다. 고종명考終命이라고 했던가. 공자는 "미지생 언지사未知生 焉知死, 내가 사는 것도 모르는 데 죽음을 어찌 알겠는가."라고 했다. 그래도 의식 없이 사는 생명의 연장은 단호히 거부하련다. 사전의료의향서를 쓴 까닭이다. 존엄하게 떠나고 싶다.

■ 작가연보

[약력]

1949 충남 청양에서 나고, 대전에서 자람

1975 충남대학교 공과대학 건축공학과 졸업

1975~1980 쌍용양회 근무

1981~2001 쌍용건설 근무

2002~3003 롯데건설 근무

2004~2012 퍼러스디자인(인테리어 회사) 공동운영

2013~현재 한국건설구조안전연구원 자문

2020 《수필과비평》 4월호 〈창문〉 신인상으로 수필가 등단

2021 수필집1 《흔적》(수필과비평사) 발간

2022~현재 e충남시사신문 수필 연재

2024 수필집2 《바람에도 꺾이지 않는 자유》(수필과비평사) 발간

2025 제25회 수필과비평문학상 수상

2026~ 수필과비평사 이사,

현대수필가100인선Ⅱ · 99 《쥐다래》(수필과비평사) 출간

[활동]

수필과비평작가회의 회원

충남문인협회 회원

천안문인협회 회원

천안수필문학회 회원

천안문학관 운영위원

이 책을 매듭지으며

코로나19 때를 떠올려봅니다.

청운당에서 책과 씨름을 하던 시간이 생생합니다. 코로나19를 넘는 것은 물리적이지만, 문학을 터득하는 것은 흘러가는 구름을 잡는 것 같아서 쉽지 않습니다. 저에게는 그랬습니다.

코로나19로 혼자 지낼 때, 최 부잣집 육연六然 중의 자처초연自處超然처럼 초연해지는 출구는 책이라는 생각을 하게 되었나 봅니다. 읽고 쓰다 보니 코로나19가 이 책을 매듭짓는데 도움을 준 것만 같습니다. 깊은 사유는 부족하고 생각 없이 써내려간 글이 독자님들에게 닿은 게 있을 지는 잘 모르겠습니다. 나름 써보았다는 자부심은 가져봅니다.

아직도 멀기만 한 것이 맑은 수필 한 편인 것 같습니다. 그 한 편을 찾는 날까지 뚜벅뚜벅 걸어가렵니다.

매듭을 짓게 지원해주신 수필과비평사, 좋은수필사에 감사드립니다.

2026. 1. 15.

요산 임낙호

현대수필가 100인선 Ⅱ · 99
임낙호 수필선

쥐다래

초판인쇄 | 2026년 1월 15일
초판발행 | 2026년 1월 20일

지은이 | 임 낙 호
펴낸이 | 서 정 환
펴낸곳 | 수필과비평사 · 좋은수필사

주 소 | 서울시 종로구 삼일대로 32길 36.
(익선동 30-6) 운현신화타워 305호
전 화 | 02)3675-5635, 063)275-4000
등 록 | 제300-2013-133호
홈페이지 | http://www.shinapub.com
e-mail | essay321@hanmail.net

값 10,000원

ISBN 979-11-5933-622-5 04810
ISBN 979-11-85796-15-4 (전 100권)